PREFACE

〈시험에 강한 고등 영어 서술형〉을 출간한 후, 그 교재로 약 1년 동안 예비고 1, 2 학생들을
직접 가르쳐오면서, 학생들이 자신의 부족한 부분을 보완하고 시험에 필요한 기초를 쌓아
나가는 모습을 지켜보며 뿌듯함을 느낄 수 있었습니다.

하지만 동시에 고2인데도 고등 영어 서술형에 있는 문제를 거의 풀지 못하고 어려워하는
학생들도 접할 수 있었습니다. 그들에게 필요한 건 고등 영어 서술형보다 더 쉬운 기초 문법서와
서술형 교재였습니다. "그렇다면 기초가 부족한 고등학생들과 중학생들 모두를 위한 서술형
교재가 필요하겠구나!"라는 생각을 하게 되었고, 고등 영어 서술형의 바로 전 단계인 중등 영어
서술형 내용 구상에 들어갔습니다.

때마침 다락원에서도 제대로 된 중등 영어 서술형 교재의 필요성에 대해 인지하고 교재를
기획 중인 것을 알게 되었고, 이러한 우연의 일치로 저는 뜻이 맞는 훌륭한 다른 선생님들과
함께 집필할 수 있는 기회를 잡을 수 있었습니다. 문법책인지 영작책인지 애매모호한
기존 서술형 교재들과 차별화되면서도, 문법 서술형과 내용 이해 서술형의 기본을 다루고,
시험에 나오는 내용들로만 구성한 서술형 교재 개발에 착수하게 되었습니다.

전국의 중학교의 시험지를 분석하여 시험에서 어떤 내용이 다루어지고 어떤 문제 유형이
출제되는지를 정리하였습니다. 한 권으로 출간된 〈시험에 강한 고등 영어 서술형〉과는 달리
세 권으로 내용을 세분화하여 더 자세한 설명과 예시, 연습 문제를 수록하였습니다.
이 책을 통해 중학생들과 기초가 부족한 고등학생들 모두 학교 시험에서 어려움을 겪지 않고,
내신대비와 수능대비를 위한 초석을 쌓을 수 있길 바랍니다.

이 교재가 출간되기까지 애써주신 다락원 출판사의 모든 관계자 분들과, 힘든 작업을 함께 해준
공동 저자들, 그리고 시험지 정리와 분석에 도움을 준 박나현, 주한별 두 명의 조교들에게
감사의 인사를 드립니다. 마지막으로 아픈 본인들보다 제 건강을 더 걱정하시는 어머니와
누나가 오래도록 건강한 삶을 살아가길 바라봅니다.

대표 저자 이 용 준

STRUCTURES

중학교 영어 서술형 문제는 문법 요소를 얼마나 정확하게 학습했는지를 묻는 문법 서술형과, 영어로 된 지문 및 대화를 읽고 얼마나 이해했는지를 묻는 내용 이해 서술형으로 나뉩니다. 문법 서술형으로만 구성된 타사의 다른 교재들과 달리, "내공 중학영어 서술형"은 문법 서술형은 물론, 내용 이해 서술형까지 완벽히 대비할 수 있도록 구성하였습니다.

● PART I Chapter 01~12 문법 서술형

문법 포인트
중학교 영어 서술형 문제에 빈출되는 문법 포인트만 추려 한 눈에 보기 좋게 정리하였습니다.

바로 적용하기
위에서 학습한 문법 포인트를 적용하여 단계별로 구성된 서술형 기본 유형의 문제들을 풀어보는 코너입니다. 서술형 영작 문제에 자주 출제되는 유형으로 구성하여 내신 서술형에 충분히 대비할 수 있습니다.

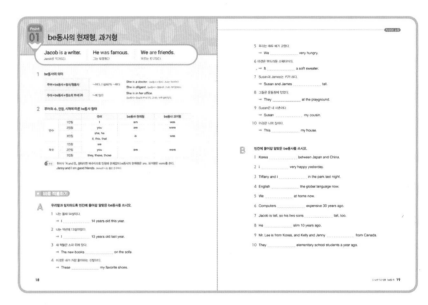

시험에 나오는 서술형
챕터의 문법 포인트 학습이 끝난 후, 중학교 영어 시험에 나오는 서술형 문제들을 풀어보는 코너입니다. 뒤로 갈수록 어려운 문제가 나오도록 단계별로 구성하였고, 신유형, 함정유형 등 다양한 유형의 문제들을 풀어보며 학교 시험에 철저히 대비할 수 있습니다.

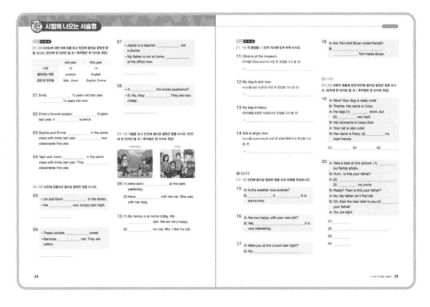

시험에 나오는 서술형 유형 집중 공략

내공 신 공략

중학영어

서술형

1

이 책을 지은 분들

이용준
(현) HighEnd Institute 대표
서울대학교 영어영문학과 석사
(전) 서울시립대 YBM 토익강의
(전) Exam4you 내신/모의고사 출제 위원

• 다락원 시험에 강한 고등영어 서술형
• 다락원 구문 insight 독해 영작 응용편
• 에듀원 EBS 수특특강 영어 평가문제집
• 꿈틀 1등급 서술형

이희완
(현) 이희완 영어연구소장
(전) 청심국제중고등학교 교사
(전) 대치 다원교육 영어과 원장

• 미래앤 리딩바이크 SUM
• 웅진컴퍼스 Navigator 시리즈

내공 중학영어 서술형 1

지은이 이용준, 이희완
펴낸이 정규도
펴낸곳 ㈜다락원

초판 1쇄 발행 2025년 1월 6일

편집 강화진
디자인 김나경, 정규옥
영문 감수 Ted Gray

다락원 경기도 파주시 문발로 211
내용문의 (02)736-2031 내선 533
구입문의 (02)736-2031 내선 250~252
Fax (02)732-2037
출판등록 1977년 9월 16일 제 406-2008-000007호

ISBN 978-89-277-4164-0 54740
       978-89-277-4163-3 54740 (set)

www.darakwon.co.kr
다락원 홈페이지를 방문하시면 상세한 출판정보와 함께 동영상강좌,
MP3 자료 등 다양한 어학 정보를 얻으실 수 있습니다.

● PART II Chapter 13~14 내용 이해 서술형

유형 포인트

학년별로 자주 출제되는 내용 이해
서술형 유형을 권 당 두 유형씩 소개
했습니다. 출제 경향과 예시 유형을
살펴보며 내용 이해 서술형에 대한
자신감을 키울 수 있습니다.

바로 적용하기

위에서 학습한 유형 포인트를 적용하
여 풀어볼 수 있도록 구성하였습니다.

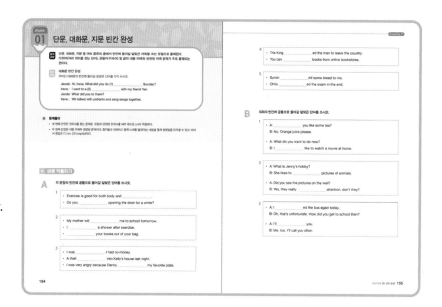

실전 예상 문제

내용 이해 서술형 학습이 끝난 후,
챕터를 아우르는 실전 예상 문제를
풀어봅니다. 여러 포인트가 종합적으
로 혼합되어 출제된 문제를 풀어봄으
로써 실제 시험에 철저히 대비할 수
있습니다.

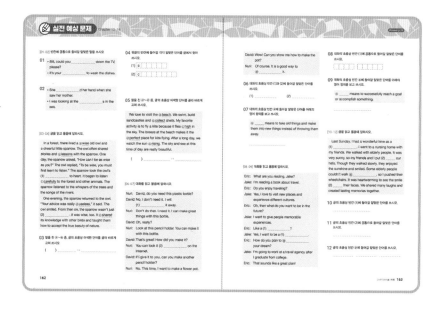

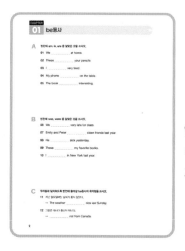

WorkBook

별책으로 제공되는 워크북에서는 각 챕터의 문법사항을 Worksheet 형태로
제공하여 학습한 내용을 빠르게 복습하고 실력을 점검할 수 있습니다.

CONTENTS

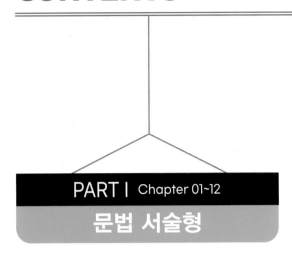

PART I Chapter 01~12
문법 서술형

기출분석 학교명 (가나다순)

지역	학교명	지역	학교명	지역	학교명
서울	경신중학교	경기	염창중학교	인천	진접중학교
	고덕중학교		영도중학교		청계중학교
	공항중학교		은성중학교		창성중학교
	구룡중학교		을지중학교		태평중학교
	당산서중학교		이수중학교		평촌중학교
	당산중학교		월촌중학교		간재울중학교
	대명중학교		창문여자중학교		갈산중학교
	대원국제중학교		창일중학교		검단중학교
	동도중학교		공도중학교		구월여자중학교
	마포중학교		교문중학교		구월중학교
	목동중학교		금파중학교		남인천여자중학교
	문래중학교		광동중학교		동인천중학교
	번동중학교		도래울중학교		박문중학교
	배문중학교		대안중학교		삼산중학교
	배재중학교		만정중학교		상인천여자중학교
	배화중학교		범계중학교		송도중학교
	배화여자중학교		본오중학교		신송중학교
	상일중학교		부명중학교		연성중학교
	상현중학교		부천부곡중학교		연화중학교
	서울여자중학교		서울삼육중학교		용현중학교
	선화예술중학교		서천중학교		용현여자중학교
	성덕여자중학교		성남문원중학교		인주중학교
	성암여자중학교		성남서중학교		인천경연중학교
	신명중학교		성남여자중학교		인천고잔중학교
	신목중학교		성일중학교		인천루원중학교
	신반포중학교		수성중학교		인천신정중학교
	신천중학교		숙지중학교		인천청라중학교
	압구정중학교		영복여자중학교		인천청람중학교
	양정중학교		용인신릉중학교		인천청호중학교
	양화중학교		임곡중학교		인천현송중학교
	언주중학교		잠원중학교		인천해원중학교
	여의도중학교		장자중학교		인천초은중학교
	역삼중학교		조양중 학교		청량중학교

지역	학교명
충청	가경중학교
	경덕중학교
	금천중학교
	남성중학교
	대성여자중학교
	대성중학교
	복대중학교
	서산중학교
	송절중학교
	세광중학교
	오송중학교
	용암중학교
	운호중학교
	원평중학교
전라	군산남중학교
	군산동원중학교
	군산월명중학교
	군산중앙중학교
	군산중학교
	이리중학교
	이일여자중학교
	익산부송중학교
	익산어양중학교
	원광여자중학교
	원광중학교
	전주해성중학교
	전주신흥중학교
대전	대전대성여자중학교
	대전여자중학교
	우송중학교
	충남중학교

지역	학교명
대구	고산중학교
	다사중학교
	달서중학교
	대건중학교
	매호중학교
	신아중학교
	심인중학교
	왕선중학교
	월암중학교
	학산중학교
부산	가람중학교
	구남중학교
	구포중학교
	동주여자중학교
	동주중학교
	모동중학교
	모라중학교
	부산중앙중학교
	사하중학교
	신덕중학교
	정관중학교
울산	가온중학교
	달천중학교
	무거중학교
	문수중학교
	신일중학교
	야음중학교
	울산중앙중학교
	울산중학교
	울산제일중학교
	유곡중학교

지역	학교명
광주	장검중학교
	천상중학교
	학성여자중학교
	고려중학교
	고실중학교
	금구중학교
	금당중학교
	성덕중학교
	수완중학교
	수완하나중학교
	영천중학교
	용두중학교
	운남중학교
	일곡중학교
	장덕중학교
경상	가야중학교
	감계중학교
	경운중학교
	구미인덕중학교
	김해서중학교
	내동중학교
	대방중학교
	안남중학교
	오상중학교
	옥계중학교
	인동중학교
	임호중학교
	진평중학교
	창북중학교
	천생중학교
	해마루중학교

서술형이 쉬워지는 기초 문법 개념

❶ 품사

영어 단어는 기능과 의미에 따라 8가지로 나뉘는데 이를 품사라 한다.

1 명사 명사는 사물, 사람, 장소 등의 이름을 나타내는 말

> book, dog, teacher, Tom, New York, happiness, family 등

> **역할** 주어, 목적어, 보어

Tom is my friend. `주어` Tom은 내 친구이다.

I bought **a book.** `목적어` 나는 책 한 권을 샀다.

My favorite food is **pizza.** `보어` 내가 가장 좋아하는 음식은 피자이다.

명사 역할 가능한 것

명사	명사구 • to부정사(구) • 동명사(구)	명사절 • that절 • whether절 → Level 2

Honesty is the best policy. `단독 명사` 정직함이 최선의 방책이다.

To learn a new language takes time. `to부정사` 새로운 언어를 배우는 것은 시간이 걸린다.

I enjoy **dancing** in my free time. `동명사` 나는 여가 시간에 춤추는 것을 즐긴다.

I believe **that love conquers all.** `that절` 나는 사랑이 모든 것을 이긴다고 믿는다.

She wondered **whether he would come to the party or not.** `whether절`
그녀는 그가 파티에 올지 안 올지 궁금했다.

2 대명사 대명사는 명사를 대신하는 말

> it, this, these, she, he 등

> **역할** 주어, 목적어, 보어

This is my book. `주어` 이것은 내 책이다.

I like **her.** `목적어` 나는 그녀를 좋아한다.

These books are mine. `보어` 이 책들은 내 것이다.

3 동사 동사는 주어의 동작이나 상태, 위치를 나타내는 말

> am, is, are, run, go, make 등

Kate is from Canada. be동사 Kate는 캐나다 출신이다.

I go swimming every day. 일반동사 나는 매일 수영하러 간다.

She can ride a bike. 조동사 그녀는 자전거를 탈 수 있다.

4 형용사 형용사는 명사, 대명사를 꾸며주는 말

> red, beautiful, ugly, kind, hot, lazy 등

역할 수식어, 주격보어, 목적격보어

Tom is a diligent student. 수식어 Tom은 부지런한 학생이다.

He is kind. 주격보어 그는 친절하다.

This jacket keeps me warm. 목적격보어 이 재킷은 나를 따뜻하게 유지해준다.

형용사 역할 가능한 것

형용사	to부정사	분사 → Level 2	전치사구	형용사절 (관계대명사절) → Level 2

This cake is very sweet. 단독 형용사 이 케이크는 매우 달다.

I need a book to read on the train. to부정사 나는 기차에서 읽을 책이 필요하다.

The woman wearing a hat is my cousin. 분사 모자를 쓴 저 여자는 나의 사촌이다.

The girl in the photo is my sister. 전시사구 사진 속 소녀는 내 여동생이다.

People who exercise regularly are healthy. 형용사절
규칙적으로 운동하는 사람은 건강하다.

5 부사 부사는 동사, 부사, 형용사, 문장 전체를 꾸며주는 말

> slowly, quickly, fast, very 등

부사 역할 가능한 것

부사	부사구 • to부정사구 • 전치사구 • 분사구 → Level 2	부사절 (종속접속사+주어+동사)

She **slowly** opened the door. [단독 부사] 그녀는 천천히 문을 열었다.

I went **to the library to return the book.** [to부정사] 나는 이 책을 반납하기 위해 도서관에 갔다.

We stayed **at the hotel.** [전치사구] 우리는 그 호텔에 머물렀다.

Seeing me, he waved his hand at me. [분사구] 나를 보자 그는 손을 흔들었다.

When Jake arrives, we will go to see a movie. [부사절]
Jake가 도착하면 우리는 영화를 보러 갈 것이다.

6 전치사 전치사는 명사나 대명사 앞에서 시간, 장소, 방법 등을 나타내는 말

> at, on, in, to, after, before 등

[역할] 형용사구, 부사구

Ryan is **in New York** now. [형용사 역할] Ryan은 지금 뉴욕에 있다.

The man **in the rain** was my father. [형용사 역할] 빗속에 있던 남자는 내 아빠였다.

Put on your bag **on the desk.** [부사 역할] 네 가방을 책상 위에 올려놓아라.

7 접속사 접속사는 단어와 단어, 구와 구, 절과 절을 연결할 때 쓰는 말

> and, but, or, although 등

접속사의 종류

등위접속사 and, but, or	종속접속사 because, if, although, after, when 등	상관접속사 → Level 2

Jacob has a dog and two cats. `등위접속사` Jacob은 개 한 마리와 고양이 두 마리를 키운다.

I went to bed early because **I was tired.** `종속접속사`
나는 피곤했기 때문에 일찍 잠자리에 들었다.

He can speak both English and Spanish. `상관접속사`
그는 영어와 스페인어를 둘 다 말할 수 있다.

8 감탄사 감탄사는 기쁨, 놀람, 슬픔과 같은 감정 및 느낌을 나타내는 말

> Wow, Oh 등

Wow, look at the beautiful sunsets! 와, 저 아름다운 석양 좀 봐!

❷ 문장 성분

문장 성분이란 문장을 구성하는 요소를 말한다. 영어 문장을 만들 때 필요한 재료에는 주어,
동사, 목적어, 보어, 수식어가 있다.

1 **주어** (subject)
동작이나 상태의 주체가 되는 말로 '누가,' '무엇이'에 해당한다.
He is a famous singer. 그는 유명한 가수이다.

2 **동사** (verb)
주어의 동작이나 상태를 나타내는 말로 '~하다,' '~이다'에 해당한다.
I prepared dinner. 나는 저녁을 준비했다.
Dinner is ready. 저녁이 준비됐다.

3 **목적어** (object)
동작의 대상을 나타내는 말로 '~을'에 해당한다.
I cleaned the window. 나는 창문을 닦았다.

4 **보어** (complement)
주어나 목적어를 보충 설명하는 말로, 주어나 목적어의 성질, 상태 등을 나타낸다.
She looks happy. 주격보어 그녀는 행복해 보인다.
The news made me sad. 목적격보어 그 뉴스는 나를 슬프게 만들었다.

5 **수식어** (modifier)
다양한 위치에서 문장에 여러 의미를 더해주는 역할을 한다. 문장을 구성하는 데에 필수적인 것은
아니다.
The bird soared gracefully through the sky. 그 새는 우아하게 하늘로 날아올랐다.

❸ 품사와 문장 성분

각 문장 성분에는 특정한 품사만 올 수 있다. 품사와 문장 성분과의 관계를 알아보자.

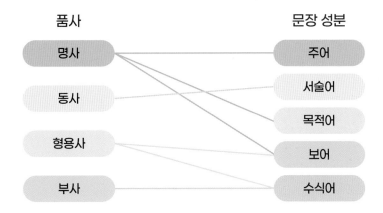

❹ 구와 절

구와 절은 문장을 구성하는 단위로, 두 개 이상의 단어가 모여 하나의 의미를 나타내는 말이다.
구는 「주어 + 동사」를 포함하지 않은 의미 단위이며, 절은 「주어 + 동사」를 포함한 의미 단위이다.
둘 다 문장에서 명사, 형용사, 부사 역할을 한다.

1 명사 역할

명사구
> Those flowers **are beautiful.** 주어 저 꽃들은 아름답다.
>
> His job is writing novels. 보어 그의 직업은 소설을 쓰는 것이다.

명사절
> **Mike hopes** that they will win the game.
> 목적어 Mike는 그들이 그 경기에서 이기기를 소망한다.

2 형용사 역할

형용사구
> The vase on the table **was made in Italy.**
> 전치사구 탁자 위에 있는 그 꽃병은 이탈리아에서 만들어졌다.

형용사절
> The vase which was made in Italy **is very expensive.**
> 관계대명사절 이탈리아에서 만들어진 그 꽃병은 매우 비싸다.

3 부사 역할

부사구
> I kicked the ball to score a goal.
> to부정사구 나는 골을 넣기 위해 공을 찼다.
>
> I met Chris at the library. 전치사구 나는 도서관에서 Chris를 만났다.

부사절
> Although it was raining, **they decided to go for a walk.**
> 비록 비가 왔지만, 그들은 산책하러 나가기로 결정했다.

PART Ⅰ
Chapter 01~12

문법
서술형

CHAPTER 01

be동사

be동사의 현재형, 과거형

Jacob is a writer.
Jacob은 작가이다.

He was famous.
그는 유명했다.

We are friends.
우리는 친구이다.

1 be동사의 의미

주어+be동사+명사/형용사	~이다 / (상태가) ~하다	She is *a doctor*. 〈be동사+명사〉 그녀는 의사이다. She is *diligent*. 〈be동사+형용사〉 그녀는 부지런하다.
주어+be동사+장소의 부사(구)	~에 있다	She is *in her office*. 〈be동사+장소의 부사(구)〉 그녀는 사무실에 있다.

2 주어의 수, 인칭, 시제에 따른 be동사 형태

		주어	be동사 현재형	be동사 과거형
단수	1인칭	I	am	was
	2인칭	you	are	were
	3인칭	she, he	is	was
		it, this, that		
복수	1인칭	we	are	were
	2인칭	you		
	3인칭	they, these, those		

 주어가 「A and B」 형태이면 복수이므로 인칭에 관계없이 be동사의 현재형은 are, 과거형은 were를 쓴다.
Jenny and I are good friends. Jenny와 나는 좋은 친구이다.

 ● 바로 적용하기

A 우리말과 일치하도록 빈칸에 들어갈 알맞은 be동사를 쓰시오.

1 나는 올해 14살이다.

→ I _____ 14 years old this year.

2 나는 작년에 13살이었다.

→ I _____ 13 years old last year.

3 새 책들은 소파 위에 있다.

→ The new books _____ on the sofa.

4 이것은 내가 가장 좋아하는 신발이다.

→ These _____ my favorite shoes.

5 우리는 매우 배가 고팠다.

   → We _____ very hungry.

6 이것은 부드러운 스웨터이다.

   → It _____ a soft sweater.

7 Susan과 James는 키가 크다.

   → Susan and James _____ tall.

8 그들은 운동장에 있었다.

   → They _____ at the playground.

9 Susan은 내 사촌이다.

   → Susan _____ my cousin.

10 이것은 나의 집이다.

   → This _____ my house.

B 빈칸에 들어갈 알맞은 be동사를 쓰시오.

1 Korea _____ between Japan and China.

2 I _____ very happy yesterday.

3 Tiffany and I _____ in the park last night.

4 English _____ the global language now.

5 We _____ at home now.

6 Computers _____ expensive 30 years ago.

7 Jacob is tall, so his two sons _____ tall, too.

8 He _____ slim 10 years ago.

9 Mr. Lee is from Korea, and Kelly and Jenny _____ from Canada.

10 They _____ elementary school students a year ago.

Point 02 be동사의 부정문과 축약형

We are not busy today.	We weren't busy yesterday.
우리는 오늘 바쁘지 않다.	우리는 어제 바쁘지 않았다.

1 **be동사가 쓰인 문장의 부정문** be동사 바로 뒤에 not을 쓴다.

He is not kind. 그는 친절하지 않다.

We were not tired. 우리는 피곤하지 않았다.

2 ◎ 「be동사＋not」의 축약형

주어	현재형 축약형	과거형 축약형
I	am not → am not의 축약형은 없음	was not → wasn't
He, She, It, This, That	is not → isn't	
We, You, They	are not → aren't	were not → weren't

◎ 「주어＋be동사」의 축약형: 주어가 대명사이고 be동사가 현재시제일 때만 줄여 쓸 수 있다.

주어+be동사	I am	He is	She is	It is	That is	We are	You are	They are
축약형	I'm	He's	She's	It's	That's	We're	You're	They're

 주의　1 am not을 amn't로 줄여 쓰지 않는다.

　　2 This is를 This's로 줄여 쓰지 않으며, You were, We were, They were를 You're, We're, They're로 줄여 쓰지 않는다.

바로 적용하기

A 우리말과 일치하도록 빈칸에 들어갈 알맞은 말을 쓰시오. (빈칸에 한 단어만 쓸 것 / 축약형은 한 단어로 취급)

1 너는 게으르지 않다.

→ You ＿＿＿＿＿＿＿＿ ＿＿＿＿＿＿＿＿ lazy.

2 그녀는 지금 교회에 있지 않다.

→ ＿＿＿＿＿＿＿＿ not at church now.

3 Brian과 Bob은 똑똑한 학생이 아니었다.

→ Brian and Bob ＿＿＿＿＿＿＿＿ ＿＿＿＿＿＿＿＿ smart students.

4 너희들은 매우 성실한 학생들이다.

→ ＿＿＿＿＿＿＿＿ very diligent students.

20

5 나는 15살이 아니다.

　→ _____ _____ fifteen years old.

6 그들은 어제 학교에 늦지 않았다.

　→ They _____ late for school yesterday.

7 Kelly는 지금 집에 있지 않다.

　→ Kelly _____ _____ at home now.

8 그녀는 요리사가 아니다.

　→ She _____ a chef.

B 〈보기〉처럼 축약형을 사용하여 주어진 문장의 부정문을 쓰시오. (두 가지 형태의 축약형이 가능할 경우 모두 쓸 것)

보기	We are busy today.
	→ We're not busy today. / We aren't busy today.

1 They are Americans.

　→ _____

2 He is from France.

　→ _____

3 You were a member of our club.

　→ _____

4 Issac and Jacob are brothers.

　→ _____

5 It is true.

　→ _____

6 Math is an interesting subject.

　→ _____

7 That is my pencil case.

　→ _____

8 This is his favorite hat.

　→ _____

Point 03 be동사의 의문문과 대답

Is Irene your best friend?
Irene이 너의 가장 친한 친구니?

Yes, she is.
응, 그래.

1 be동사가 쓰인 문장의 의문문

긍정의문문	be동사를 주어 앞으로 이동시키고 문장 맨 뒤에 '?'를 붙인다.
부정의문문	「be동사+not」의 축약형을 주어 앞으로 이동시키고 문장 맨 뒤에 '?'를 붙인다.

Jisu is a famous singer. 지수는 유명한 가수이다.

Is Jisu a famous singer? 지수는 유명한 가수니?

Amy is not lazy. Amy는 게으르지 않다.

Isn't Amy lazy? Amy는 게으르지 않지?

2 be동사가 쓰인 긍정 의문문에 대한 대답

긍정일 경우	「Yes, 대명사 주어+be동사」
부정일 경우	「No, 대명사 주어+be동사+not」

A: Is Jisu a famous singer? 지수는 유명한 가수니?
B: Yes, she is. 응, 그래. / No, she is not[isn't]. 아니, 그렇지 않아.

주의

1 의문문에 쓰인 2인칭 you는 대답에서는 1인칭 'I'로 바뀐다. ('너'라고 하는 대상이 듣는 사람인 '나'이기 때문)

2 부정의문문에 대한 대답: 우리말의 '예', '아니오'에 상관없이, 뒤에 오는 표현이 긍정이면 Yes, 부정이면 No를 쓴다.
Isn't Amy lazy? Amy는 게으르지 않지?
→ No, she isn't. 응, 그녀는 게으르지 않아. / Yes, she is. 아니, 그녀는 게을러.

● 바로 적용하기

 우리말과 일치하도록 의문문과 그에 대한 대답을 완성하시오.

1 A: 너 지금 졸리니? / B: 응, 졸려.

→ A: _____ _____ sleepy now?

B: _____, _____ _____.

2 A: 내가 틀린 거니? / B: 응, 너가 틀렸어.

→ A: _____ _____ wrong?

B: _____, _____ _____.

3 A: 그것은 너의 볼펜이니? / B: 아니, 내 것이 아니야.

→ A: _____ _____ your pen?

B: _____, _____ _____.

4 A: John은 의사니? / B: 아니, 그는 의사가 아니야.

→ A: _____ _____ a doctor?

B: _____, _____ _____.

5 A: 그들은 중학생이니? / B: 응, 그래.

→ A: _____ _____ middle school students?

B: _____, _____ _____.

6 A: 너는 어제 도서관에 있었니? / B: 아니, 그렇지 않았어.

→ A: _____ _____ at the library yesterday?

B: _____, _____ _____.

B 주어진 문장을 부정의문문으로 바꿔 쓰고, 그에 대한 대답을 ( ) 안에 주어진 내용을 보고 쓰시오.

1 It is not time for lunch.

→ [부정의문문] _____

[대답] _____, _____ _____. (It's 12 o'clock.)

2 They are not middle school students.

→ [부정의문문] _____

[대답] _____, _____ _____. (They are 9 years old.)

3 Her babies were not noisy.

→ [부정의문문] _____

[대답] _____, _____ _____. (They were very quiet.)

4 Tom is not interested in English.

→ [부정의문문] _____

[대답] _____, _____ _____. (Tom likes English.)

5 The store is not open today.

→ [부정의문문] _____

[대답] _____, _____ _____. (It is closed today.)

6 We are not late for the party.

→ [부정의문문] _____

[대답] _____, _____ _____. (We can arrive on time.)

난이도 ★★★

[01-04] Emily에 대한 아래 표를 보고 빈칸에 들어갈 알맞은 말을 쓰시오. (빈칸에 한 단어만 쓸 것 / 축약형은 한 단어로 취급)

	last year	this year
나이	13	14
좋아하는 과목	science	English
같은 반 친구들	Yejin, Jiwon	Sophia, Emma

01 Emily _____ 13 years old last year. _____ 14 years old now.

02 Emily's favorite subject _____ English last year. It _____ science.

03 Sophia and Emma _____ in the same class with Emily last year. _____ new classmates this year.

04 Yejin and Jiwon _____ in the same class with Emily last year. They _____ classmates this year.

[05-08] 빈칸에 공통으로 들어갈 알맞은 말을 쓰시오.

05
- Jin and Kevin _____ in the library.
- We _____ very hungry last night.

_____

06
- These candies _____ sweet.
- Bananas _____ red. They are yellow.

_____

07
- Jacob is a teacher. _____ not a doctor.
- My father is not at home. _____ at his office now.

_____

08
- A: _____ the books expensive?
- B: No, they _____. They are very cheap.

_____

[09-10] 그림을 보고 빈칸에 들어갈 알맞은 말을 쓰시오. (빈칸에 한 단어만 쓸 것 / 축약형은 한 단어로 취급)

Yesterday   Today

09 (1) Irene and I _____ at the park yesterday.

(2) Irene _____ with her cat. She was with her dog.

10 (1) My family is at home today. We _____ sad. We are very happy.

(2) _____ my cat, Mio. I like my cat.

난이도 ★ ★ ★

[11-14] 각 문장을 ( ) 안의 지시에 맞게 바꿔 쓰시오.

11 Olivia is at the museum.

(주어를 Olivia and I로 바꾼 후 문장을 다시 쓸 것)

→ _____

12 My dog is sick now.

(now를 last night로 바꾼 후 문장을 다시 쓸 것)

→ _____

13 My bag is heavy.

(축약형을 포함한 부정문으로 문장을 다시 쓸 것)

→ _____

14 She is angry now.

(now를 yesterday로 바꾼 후 부정의문문으로 문장을 다시 쓸 것)

→ _____

함정유형

[15-18] 빈칸에 들어갈 알맞은 말을 써서 대화를 완성하시오.

15 A: Is the weather nice outside?
B: _____, it _____. It is sunny now.

16 A: Are you happy with your new job?
B: Yes, _____ _____. It is very interesting.

17 A: Were you at the church last night?
B: No, _____ _____.

18 A: Are Tom and Bryan close friends?
B: _____, _____ _____. Tom hates Bryan.

신유형

[19-20] 대화의 흐름에 맞게 빈칸에 들어갈 알맞은 말을 쓰시오. (빈칸에 한 단어만 쓸 것 / 축약형은 한 단어로 취급)

19 A: Wow! Your dog is really cute!
B: Thanks. His name is Coco.
A: His legs (1) _____ short, but (2) _____ very fast!
B: His nickname is Usain Bolt.
A: Your cat is also cute!
B: Her name is Ruby. (3) _____ my best friends.

(1) _____ (2) _____ (3) _____

20 A: Take a look at this picture. (1) _____ our family photo.
B: Hum.. is this your father?
A: (2) _____, _____ _____. (3) _____ my uncle.
B: Really? Then is this your father?
A: No. My father isn't that tall.
B: Oh, then the man next to you (4) _____ your father!
A: You are right.

(1) _____

(2) _____, _____ _____.

(3) _____

(4) _____

난이도 ★ ★ ★

[21-22] 어법상 틀린 문장을 <u>모두</u> 찾아 기호를 쓰고, 틀린 부분을 바르게 고쳐 쓰시오.

21
ⓐ David and I am not tired.
ⓑ This's my favorite restaurant.
ⓒ Is it a bus to City Hall?
ⓓ Was the cake sweet?
ⓔ Peter is here two hours ago.

(   ) _____ → _____

(   ) _____ → _____

(   ) _____ → _____

(   ) _____ → _____

(   ) _____ → _____

22
ⓐ I amn't fourteen years old.
ⓑ My friend, Kelly, are blond.
ⓒ He're a smart student.
ⓓ Are you happy on your last birthday?
ⓔ The Namsan Tower is in Seoul.

(   ) _____ → _____

(   ) _____ → _____

(   ) _____ → _____

(   ) _____ → _____

(   ) _____ → _____

[23-24] 대화를 읽고 물음에 답하시오.

A: Aren't you interested in movies?
B: (1) _____, _____ _____.
I'm a member of the movie club in my school.
A: Really? 그럼 (2) 영화 'Coco'는 너한테 재미있었니?
B: Yes, it was. The story was really amazing.

23 빈칸 (1)에 들어갈 알맞은 대답을 쓰시오.

_____, _____ _____.

24 〈보기〉의 단어를 모두 한 번씩만 사용하여 우리말 (2)를 영어로 쓰시오. (필요시 〈보기〉의 단어를 변형할 것)

보기	you	be	?	the movie
	'Coco'	funny	to	

Then, _____

25 다음 글의 내용과 일치하도록 빈칸에 들어갈 알맞은 말을 쓰시오. (빈칸에 한 단어만 쓸 것 / 축약형은 한 단어로 취급)

Hello. I'm Wendy from Canada. Canada has beautiful lakes and mountains. I'm good at both French and English. I came to Korea last year. Koreans are kind, so I like them. I am interested in K-pop.

(1) Canada has beautiful nature. _____ famous for its beautiful lakes and mountains.

(2) Wendy _____ good at both French and English.

(3) Wendy likes Koreans because they _____ impolite and rude.

CHAPTER

02

일반동사

일반동사의 현재형, 과거형

Jacob plays basketball well.
Jacob은 농구를 잘 한다.

He practiced basketball every day.
그는 매일 농구를 연습했다.

1 **일반동사의 3인칭 단수 현재형** 일반동사란 go, have, make와 같이 동작이나 상태를 나타내는 동사이다. 일반동사는 주어가 3인칭 단수이고 현재를 나타낼 때 동사 뒤에 -(e)s를 붙인다.

-ch, -sh, -s, -x, -o로 끝나는 동사	동사원형+es	teaches wishes kisses mixes goes
「자음+y」로 끝나는 동사	y를 i로 고치고+es	carries flies studies
불규칙 동사	have	has
나머지 일반동사	동사원형+s	likes knows comes walks plays

 주의 1 주어 I와 you를 제외한 단수 (대)명사는 3인칭이므로, 현재시제 동사 뒤에 -(e)s를 붙여야 한다.
2 주어가 「A and B」형태이면 복수이므로, 인칭에 관계없이 일반동사의 현재형은 동사원형으로 쓴다.

2 **일반동사의 과거형** 불규칙 동사를 제외하고 「동사원형+(e)d」의 형태이다.

-e로 끝나는 동사	동사원형+d	liked loved hated practiced
「자음+y」로 끝나는 동사	y를 i로 고치고+ed	cried carried studied
「단모음+단자음」으로 끝나는 동사	단자음을 한 번 더 쓰고+ed	dropped hugged planned stopped
나머지 일반동사	동사원형+ed	wished kissed mixed walked played

 주의 과거시간 부사(last, ago, yesterday 등)가 있으면 무조건 동사의 과거형을 쓴다.

● 바로 적용하기

A 우리말과 일치하도록 빈칸에 들어갈 알맞은 말을 〈보기〉에서 골라 알맞은 형태로 쓰시오.

| 보기 | cry | fix | go | have | teach | throw | try | wash |

1 찬호는 하루에 200번씩 야구공을 던진다.
→ Chanho ＿＿＿＿＿＿＿ a baseball 200 times a day.

2 Brian은 영어를 가르친다.
→ Brian ＿＿＿＿＿＿＿ English.

3 그녀의 집은 멋진 정원을 가지고 있다. (그녀의 집에는 멋진 정원이 있다.)
→ Her house ＿＿＿＿＿＿＿ a nice garden.

4 배고픈 아기는 크게 운다.

→ A hungry baby _____ loudly.

5 Alice는 버스를 타고 학교에 간다.

→ Alice _____ to school by bus.

6 나의 아버지는 기계를 잘 고치신다.

→ My father _____ machines well.

7 Jacob은 항상 최선을 다한다.

→ Jacob always _____ his best.

8 형과 나는 식사 전에 손을 닦는다.

→ My brother and I _____ our hands before meals.

B 우리말과 일치하도록 빈칸에 들어갈 알맞은 말을 〈보기〉에서 골라 알맞은 형태로 쓰시오.

보기	study	carry	jog	move	plan	cook	stay	stop

1 나는 그 상자를 차고로 옮겼다.

→ I _____ the box to the garage.

2 우리는 주방에서 함께 요리했다.

→ We _____ together in the kitchen.

3 유나는 10년 전에 서울로 이사 왔다.

→ Yuna _____ to Seoul 10 years ago.

4 Paul은 지난주에 도서관에서 공부했다.

→ Paul _____ in the library last week.

5 지난밤에 시계가 갑자기 멈췄다.

→ The clock suddenly _____ last night.

6 과거에, 나의 아버지는 아침에 조깅을 하셨다.

→ In the past, my father _____ in the morning.

7 예리는 집에 머물면서 슬픈 영화를 봤다.

→ Yeri _____ at home and watched a sad movie.

8 우리는 태국으로 가는 여행을 계획했다.

→ We _____ the trip to Thailand.

Point 05 일반동사의 불규칙 과거형

Sarah got up early this morning.
Sarah는 오늘 아침에 일찍 일어났다.

She began her day early.
그녀는 하루를 일찍 시작했다.

1 주요 불규칙 동사 분류

A-A-A형	cut – cut – cut	hit – hit – hit	hurt – hurt – hurt	let – let – let
	put – put – put	read – read – read	set – set – set	shut – shut – shut

A-B-A형	come – came – come	become – became – become	run – ran – run

A-B-B형	bring – brought – brought	buy – bought – bought	catch – caught – caught
	find – found – found	have – had – had	hear – heard – heard
	hold – held – held	keep – kept – kept	lose – lost – lost
	make – made – made	meet – met – met	say – said – said
	send – sent – sent	stand – stood – stood	sleep – slept – slept
	teach – taught – taught	tell – told – told	think – thought – thought

A-B-C형	begin – began – begun	do – did – done	draw – drew – drawn
	drive – drove – driven	fall – fell – fallen	go – went – gone
	grow – grew – grown	know – knew – known	rise – rose – risen
	speak – spoke – spoken	take – took – taken	write – wrote – written

 주의
1 과거형이 '-aught'인 동사와 '-ought'인 동사를 혼동하지 말자!
taught, caught, brought, thought 등
2 bring, buy의 과거형 스펠링을 서로 혼동하지 않도록 하자!
3 read는 A-A-A형으로 단어의 형태는 같지만 발음이 다르다. 과거형과 과거분사형의 발음은 [red]이다.

● 바로 적용하기

 우리말과 일치하도록 빈칸에 들어갈 알맞은 말을 쓰시오.

1 우리는 중학생이 되었다.
→ We _____ middle school students.

2 Jane은 그녀의 가방을 잃어버렸다.
→ Jane _____ her bag.

3 Smith 선생님은 우리에게 역사를 가르치셨다.
→ Mr. Smith _____ history to us.

30

4 나는 어젯밤 편지를 썼다.

→ I _____ a letter last night.

5 Brad는 내 부모님을 만났다.

→ Brad _____ my parents.

6 우리는 우리의 미래에 대해 생각했다.

→ We _____ about our future.

7 나는 종이를 반으로 잘랐다.

→ I _____ the paper in half.

8 큰 나무가 길 위에 쓰러졌다.

→ A big tree _____ on the street.

9 고양이가 쥐를 잡았다.

→ A cat _____ a mouse.

10 Nancy는 작은 트럭을 운전했다.

→ Nancy _____ a small truck.

B 밑줄 친 부분이 어법상 틀렸으면 바르게 고치시오. (틀리지 않았으면 문장 맨 뒤에 O를 쓸 것)

1 Betty finded her ring under the bed.

2 He shutted his book and went to bed.

3 Joy bought a T-shirt last Saturday.

4 She knowed the answer to the question.

5 I heard the sad news, so my heart hurt.

6 I losed my umbrella on the bus.

7 Jackson putted his book on the table a minute ago.

8 Mozart was born in Austria and grown up there.

9 Jacob was a math teacher. He tought Math for ten years.

10 Yesterday, the sun rised early in the morning.

Point 06 일반동사의 부정문, 의문문

Jacob doesn't like football.
Jacob은 축구를 좋아하지 않는다.

Does he like baseball?
그는 야구를 좋아하니?

---

1 일반동사가 쓰인 문장의 부정문, 의문문

	주어	부정문	의문문 (부정의문문)
현재	I, you, we, they, 복수명사	주어+do not[don't]+동사원형	Do(Don't)+주어+동사원형 ~?
	he, she, it, 단수명사	주어+does not[doesn't]+동사원형	Does(Doesn't)+주어+동사원형 ~?
과거	모든 명사, 대명사	주어+did not[didn't]+동사원형	Did(Didn't)+주어+동사원형 ~?

I don't drink coffee. 나는 커피를 마시지 않는다.

They didn't go to the party last night. 그들은 지난밤에 파티에 가지 않았다.

Do you eat breakfast? 너는 아침을 먹니?

Doesn't he watch horror movies? 그는 공포영화를 보지 않지?

2 일반동사가 쓰인 긍정 의문문에 대한 대답

긍정일 경우	Yes, 대명사 주어+do[does/did]	부정일 경우	No, 대명사 주어+ do[does/did]+not

A: Did Irene go home? Irene은 집에 갔니?

B: Yes, she did. 네, 갔어요. / No, she did not[didn't]. 아니오, 가지 않았어요.

 주의

1 부정문, 의문문 전환 시, 시제는 do 동사에만 반영한다. (일반동사는 무조건 동사원형으로 쓴다.)
   I didn't ~~checked~~ my email. (×)
   → I didn't check my email. (○) 나는 이메일을 확인하지 않았다.

2 부정의문문에 대한 대답은 be동사 부정의문문과 마찬가지로, 뒤에 나오는 답변에 맞춰 Yes나 No를 결정한다. (p. 22 참고)
   A: Doesn't Irene talk a lot? Irene은 말을 많이 하지 않지?
   B: No, she doesn't. 응, 그녀는 말을 많이 하지 않아. / Yes, she does. 아니, 그녀는 말을 많이 해.

● **바로 적용하기**

 〈보기〉처럼 우리말을 ( ) 안의 단어를 사용하여 영어로 쓰고, 그 문장을 지시대로 전환하시오.

> **보기** 그들은 방과 후에 축구를 한다. (play, soccer)
> → _____ They play soccer after school.
> → [의문문으로] Do they play soccer after school?

1 그는 밤늦게 호텔에 도착했다. (arrive at, late at night)

→ _____

→ [의문문으로] _____

2 Jake는 영어를 말한다. (speak, English)

→ _____

→ [의문문으로] _____

3 Susan은 그 책을 샀다. (buy, book)

→ _____

→ [부정문으로] _____

4 그들은 매주 김 선생님을 만난다. (meet, Mr. Kim)

→ _____

→ [의문문으로] _____

5 Joy는 버스로(버스를 타고) 학교에 간다. (go, by bus)

→ _____

→ [부정문으로] _____

6 그는 그 편지를 보냈다. (send, the letter)

→ _____

→ [의문문으로] _____

B 주어진 문장의 부정의문문을 쓰고, 그에 대한 대답을 ( ) 안에 주어진 내용에 맞춰 쓰시오.

1 Jacob didn't visit his cousin.

→ [부정의문문] _____

[대답] _____, _____ _____. (He visited his father.)

2 Jina didn't buy pencils and notebooks.

→ [부정의문문] _____

[대답] _____, _____ _____. (She only bought erasers.)

3 You don't live in Yangju.

→ [부정의문문] _____

[대답] _____, _____ _____. (I live in Yangju.)

4 I didn't make a mistake.

→ [부정의문문] _____

[대답] _____, _____ _____. (You made no mistakes.)

난이도 ★ ★ ★

[01-03] 우리말과 일치하도록 〈보기〉에서 알맞은 동사를 골라 문장을 완성하시오. (필요시 형태를 바꿀 것)

| 보기 | fly | plan | like |

01 내 남동생은 사과와 복숭아를 좋아한다.

→ My brother _____ apples and peaches.

02 지난밤 새 한 마리가 내 방에 날아 들어왔다.

→ A bird _____ into my room last night.

03 Jacob은 이틀 전에 멋진 파티를 계획했다.

→ Jacob _____ a wonderful party two days ago.

[04-05] Jina가 지난 주말에 한 일과 평일에 하는 일을 나타낸 표를 보고, 빈칸에 들어갈 알맞은 말을 쓰시오.

시간	지난 주말에 한 일	시간	평일에 하는 일
10 a.m.	go to church	7 a.m.	go to school
4 p.m.	watch a movie	5 p.m.	come back home
8 p.m.	study English	9 p.m	review the lessons

04 Last weekend, Jina _____ to church at 10 a.m. After church, she _____ a movie with her friends. In the evening, she _____ English.

05 On weekdays, Jina _____ to school at 7 a.m., _____ back home at 5 p.m., and _____ the lessons at 9 p.m.

[06-07] 우리말과 일치하도록 〈보기〉에서 필요한 단어만 골라 배열하여 문장을 완성하시오.

06 그는 용에 관한 이야기를 썼다.

| 보기 | a story | he | wrote | writed |
| | about | dragons | | |

→ _____

07 책이 책장에서 떨어졌다.

| 보기 | the book | falled | fell |
| | from | the bookshelf | |

→ _____

08 빈칸에 들어갈 알맞은 말을 써서 대화를 완성하시오.

A: Do you have a brother?
B: _____, _____.
I have a younger brother.

09 그림을 보고 빈칸에 들어갈 알맞은 말을 〈보기〉에서 골라 쓰시오. (중복 사용 가능 / 필요시 단어를 변형할 것)

| 보기 | do | win | yes |

(1) A: _____ James _____ the competition yesterday?

(2) B: _____, he _____.
He _____ first prize.

난이도 ★★★

[10-12] 다음 문장을 〈조건〉에 맞게 바꿔 쓰시오.

10 I often lose my umbrella.

> 조건 1. 주어를 Jenny로 바꿀 것
> 2. 현재시제를 사용하여 문장을 다시 쓸 것

→ _____

11 Tony practiced the piano.

> 조건 1. 현재시제로 바꿀 것
> 2. 의문문으로 문장을 다시 쓸 것

→ _____

12 Jisu draws a picture.

> 조건 1. 부정의문문으로 문장을 다시 쓸 것
> 2. 문장 끝에 last night을 추가할 것

→ _____

함정유형

[13-16] 빈칸에 들어갈 알맞은 말을 써서 대화를 완성하시오.

13 A: Did Mr. Johnson teach history?
B: _____, _____ _____.
He was a math teacher.

14 A: Doesn't he go camping often?
B: _____, _____ _____.
He stays at home every weekend.

15 A: Didn't Sophia go to the store?
B: _____, _____ _____.
She bought a necklace there.

16 A: Do you eat breakfast?
B: _____, _____ _____.
I have an apple for breakfast every day.

[17-18] 대화의 흐름에 맞게 빈칸에 들어갈 알맞은 말을 쓰시오.

17 A: Is your sister good at swimming?
B: No, she's not good at swimming.
A: Then, (1) _____ she like dancing?
B: No, (2) _____ _____. She likes singing!
A: Great! Is she good at singing?
B: Not really. She (3) _____ _____ well.

(1) _____

(2) _____ _____

(3) _____ _____

18 A: Do you often play soccer?
B: Yes, (1) _____ _____.
How about you?
A: I (2) _____ play soccer. I like basketball.
B: How about your brother?
A: He plays basketball every day!
B: (3) _____ you and your brother play basketball together?
A: Yes, we do. We play basketball together.

(1) _____ _____

(2) _____

(3) _____

난이도 ★ ★ ★

함정유형

[19-21] 어법상 틀린 문장을 <u>세 개</u> 찾아 기호를 쓰고, 틀린 부분을 바르게 고쳐 쓰시오.

19
ⓐ David and Jessica speaks English.
ⓑ Sophia fixs computers well.
ⓒ Did your dog bark?
ⓓ Amy sent a letter to me.
ⓔ Did you went there last Friday?

(   ) _____ → _____
(   ) _____ → _____
(   ) _____ → _____

20
ⓐ The bird flies high.
ⓑ Does Jerry live in France?
ⓒ Jacob taken a bus to school an hour ago.
ⓓ Don't Alex love you?
ⓔ Jin isn't have a car.

(   ) _____ → _____
(   ) _____ → _____
(   ) _____ → _____

21
ⓐ My parents didn't had dinner last night.
ⓑ We staied in London for three days.
ⓒ Do Jane and John take walks in the park?
ⓓ Jason cutted the paper along the line.
ⓔ Did you stay at home last Sunday?

(   ) _____ → _____
(   ) _____ → _____
(   ) _____ → _____

[22-24] 글을 읽고 물음에 답하시오.

Hajun and Hamin are best friends. (A) <u>그들은 초등학교에서 처음 만났다.</u> They have a lot in common. Their names start with 'Ha.' They love nature. Hajun loves the forest. He knows a lot about trees and herbs. Hamin loves the sea. He is a good swimmer. Green and blue are their favorite colors. They don't play computer games after school. They go to the park or the swimming pool.

22 밑줄 친 (A)의 우리말을 영어로 쓸 때, 빈칸에 들어갈 알맞은 말을 쓰시오.

_____ first _____ in elementary school.

23 대화의 빈칸에 들어갈 알맞은 의문문을 조건에 맞게 쓰시오.

조건   1. 윗글에 있는 문장을 사용하여 의문문으로 전환할 것
      2. 주어는 대명사가 아닌 고유명사로 쓸 것

A: _____
B: Yes, he does. He knows many names of trees and herbs.

24 윗글의 내용과 일치하도록 빈칸에 들어갈 알맞은 말을 〈보기〉에서 골라 쓰시오. (필요시 단어를 변형할 것)

보기   spend   have   become   swim

In elementary school, Hajun and Hamin _____ friends. Hajun _____ a lot of knowledge about trees and herbs. Hamin _____ well. They love green and blue. They _____ their time in nature. They are best friends.

CHAPTER 03

시제

현재진행시제와 과거진행시제

A cat is sitting under the chair. 고양이 한 마리가 의자 아래에 앉아 있다.

The cat was sleeping under the chair. 그 고양이는 의자 아래에서 자고 있었다.

1 현재진행시제와 과거진행시제의 형태

현재진행시제	am[is/are]+동사원형+-ing
과거진행시제	was[were]+동사원형+-ing

2 「동사원형+-ing」 형태 만들기

대부분의 동사	동사원형+-ing	eat**ing** sleep**ing** enjoy**ing**
「자음+e」로 끝나는 동사	-e를 삭제하고+-ing	tak**e** – ta**king** mak**e** – ma**king** writ**e** – wri**ting**
「단모음+단자음」으로 끝나는 동사	자음을 한 번 더 쓰고+-ing	begin – begi**nning** put – pu**tting** drop – dro**pping**
-ie 로 끝나는 동사	-ie를 y로 바꾸고+-ing	d**ie** – d**ying** l**ie** – l**ying** t**ie** – t**ying**

 바로 적용하기

A 우리말과 일치하도록 ( ) 안의 단어를 진행형 동사로 쓰시오.

1 아이들이 그네에서 놀고 있다. (play)
→ The children _____ on the swings.

2 그녀는 신발을 신고 있다. (put)
→ She _____ on her shoes.

3 두 소녀가 나무 아래에서 자고 있었다. (sleep)
→ Two girls _____ under the trees.

4 나는 내일 공연을 위해 춤 추는 것을 연습하고 있다. (practice)
→ I _____ dancing for tomorrow's show.

5 여동생은 연못가에서 책을 읽고 있었다. (read)
→ My sister _____ a book by the pond.

6 오리들이 물가 근처에서 헤엄치는 중이다. (swim)
→ The ducks _____ near the edge of the water.

7 나는 아름다운 풍경의 사진을 찍고 있었다. (take)

→ I _____ pictures of the beautiful scenery.

8 언덕 뒤로 해가 지는 중이다. (set)

→ The sun _____ behind the hills.

B 밑줄 친 동사를 진행시제로 바꿔 쓰시오.

1 The leaves turn yellow and red.

→ The leaves _____ _____ yellow and red.

2 The chef prepares a beautiful cake.

→ The chef _____ _____ a beautiful cake.

3 My father and I build a new tree house.

→ My father and I _____ _____ a new tree house.

4 The students learned about water in science class.

→ The students _____ _____ about water in science class.

5 Emma wrote an essay.

→ Emma _____ _____ an essay.

6 My brother and I made a model airplane together.

→ My brother and I _____ _____ a model airplane together.

7 Birds fly above the building.

→ Birds _____ _____ above the building.

8 I eat lunch at a restaurant.

→ I _____ _____ lunch at a restaurant.

9 Betty does her homework at home.

→ Betty _____ _____ her homework at home.

10 Some people lie on the grass.

→ Some people _____ _____ on the grass.

진행시제의 의문문, 부정문

Are you having lunch now?	No, I am not eating anything now.
당신은 지금 점심 드시는 중인가요?	아니요, 저는 지금 아무것도 먹고 있지 않습니다.

1 진행시제의 의문문 「be동사＋주어＋동사원형＋-ing」형태로 쓴다.

현재진행시제	am[is/are]＋주어＋동사원형＋-ing	Are you studying English? 너는 영어공부를 하고 있는 중이니?
과거진행시제	was[were]＋주어＋동사원형＋-ing	Were you studying English? 너는 영어공부를 하고 있는 중이었니?

2 진행시제의 부정문 「be동사＋not＋동사원형＋-ing」형태로 쓴다.

현재진행시제	am[is/are]＋not＋동사원형＋-ing	I am not[I'm not] reading a book. 나는 책을 읽고 있지 않다.
과거진행시제	was[were]＋not＋동사원형＋-ing	I was not[wasn't] reading a book. 나는 책을 읽고 있지 않았다.

● 바로 적용하기

A 우리말과 일치하도록 ( ) 안의 단어를 활용하여 진행시제의 의문문 또는 부정문으로 쓰시오.

1 아기가 자고 있나요? (sleep)

→ _____ the baby _____?

2 비가 많이 오고 있나요? (fall)

→ _____ the rain _____ heavily?

3 너는 지금 동화책을 읽는 중이니? (read)

→ _____ you _____ a storybook now?

4 새들이 울타리에 앉아 있었나요? (sit)

→ _____ the birds _____ on the fence?

5 개들이 낯선 사람을 보고 짖고 있니? (bark)

→ _____ the dogs _____ at the stranger?

6 그들은 영화를 보고 있지 않았다. (watch)

→ They _____ _____ the movie.

7 Daniel은 편지를 쓰고 있지 않다. (write)

→ Daniel ＿＿＿＿＿＿＿＿ ＿＿＿＿＿＿＿＿ a letter.

8 오늘은 해가 비치고 있지 않다. (shine)

→ The sun ＿＿＿＿＿＿＿＿ ＿＿＿＿＿＿＿＿ today.

9 나는 지금 숙제를 하고 있지 않다. (do)

→ ＿＿＿＿＿＿ ＿＿＿＿＿＿ ＿＿＿＿＿＿ my homework now.

10 David는 열심히 일하고 있지 않았다. (work)

→ David ＿＿＿＿＿＿＿＿ ＿＿＿＿＿＿＿＿ hard.

B 주어진 문장을 진행시제의 의문문 또는 부정문으로 쓰시오.

1 Cathy bakes some cookies.

[의문문] → ＿＿＿＿＿＿＿＿＿＿＿＿＿＿＿＿＿＿＿＿＿＿＿

2 People take a walk in the park.

[부정문] → ＿＿＿＿＿＿＿＿＿＿＿＿＿＿＿＿＿＿＿＿＿＿＿

3 She wrote in her notebook.

[의문문] → ＿＿＿＿＿＿＿＿＿＿＿＿＿＿＿＿＿＿＿＿＿＿＿

4 We draw a picture.

[부정문] → ＿＿＿＿＿＿＿＿＿＿＿＿＿＿＿＿＿＿＿＿＿＿＿

5 Your brother did his homework.

[의문문] → ＿＿＿＿＿＿＿＿＿＿＿＿＿＿＿＿＿＿＿＿＿＿＿

6 They played the violin.

[부정문] → ＿＿＿＿＿＿＿＿＿＿＿＿＿＿＿＿＿＿＿＿＿＿＿

7 The bird sings in the tree.

[의문문] → ＿＿＿＿＿＿＿＿＿＿＿＿＿＿＿＿＿＿＿＿＿＿＿

8 Roy washes his car.

[부정문] → ＿＿＿＿＿＿＿＿＿＿＿＿＿＿＿＿＿＿＿＿＿＿＿

Point 09 미래시제

I will have **Kimbab** for lunch today.	I am going to have **pizza**.
저는 오늘 점심으로 김밥을 먹을 거예요.	저는 피자를 먹을 예정이에요.

1 will 「will+동사원형」의 형태로, 미래의 일을 막연하게 예측하거나 즉흥적인 의지를 나타낼 때 쓰인다.

I will go shopping this evening. 〈막 결정한 일〉 나는 오늘 저녁에 쇼핑하러 갈 것이다.

 주의 1 will은 주어의 인칭과 수에 따라 형태가 변하지 않는다.

He ~~wills~~ wash the dishes. (×)

→ He will wash the dishes. (○) 그는 설거지를 할 것이다.

2 「대명사 주어 + will」의 축약형은 「대명사 주어'll」이다. 「명사 주어'll」의 축약형은 쓰지 않는다.

~~Jacob'll~~ meet Irene. (×)

→ He'll meet Irene. (○) 그는 Irene을 만날 것이다.

→ Jacob will meet Irene. (○) Jacob은 Irene을 만날 것이다.

2 be going to 「be going to+동사원형」의 형태로, 계획된 미래를 나타낼 때 쓰인다.

We are going to meet Mr. Smith. 〈이미 계획한 일〉 우리는 Smith 선생님을 만날 계획이다.

 주의 be going to는 주어의 인칭, 수, 시제에 따라 형태가 변하므로 주의하자!

I am going to clean up my room. 나는 내 방을 청소할 예정이다.

I was going to clean up my room. 나는 내 방을 청소할 예정이었다.

● 바로 적용하기

 우리말과 일치하도록 ( ) 안의 단어를 바르게 배열하시오. (시간 부사는 문장의 맨 끝에 쓸 것)

1 그는 그의 자전거를 수리할 것이다. (repair, bicycle, he, will, his)

→ _____

2 우리는 이번 주에 영화를 볼 거야. (movie, this, going, watch, week, we're, a, to)

→ _____

3 Catherine은 저녁식사에 우리와 함께 할 예정이다. (join, for dinner, going, Catherine, to, us, is)

→ _____

4 나는 다음 달에 새로운 취미를 시작할 것이다. (will, I, hobby, next, new, start, month, a)

→ _____

5 그들은 어제 서울로 떠날 예정이었다. (leave, they, for, going, were, Seoul, yesterday, to)

→ _____

6 나는 다음 주에 기타 레슨을 받을 예정이다. (next, am, to, guitar lessons, going, week, I, take)

→ _____

7 그녀는 지난주에 그 책을 끝낼 예정이었다. (finish, to, she, the book, was, last, going, week)

→ _____

8 우리는 오늘 밤에 바비큐 파티를 열 것이다. (have, a, tonight, barbecue, we, party, will)

→ _____

9 그들은 정원에 꽃을 심을 계획이다. (flowers, going, they, in, to, the, garden, plant, are)

→ _____

10 우리는 Susan의 생일을 축하해 줄 계획이다.

(celebrate, going, birthday, we, Susan's, to, are)

→ _____

B 밑줄 친 부분을 바르게 고쳐서 문장을 다시 쓰시오.

1 She will comes to the party.

→ _____

2 They're go to build a new playground in the park.

→ _____

3 My brother will got a puppy for his birthday.

→ _____

4 He is going to visit his grandparents yesterday.

→ _____

5 Amy is going to has a part-time job.

→ _____

6 We are going learn about planets in science class.

→ _____

7 I am going to learn Spanish last year.

→ _____

8 They was going to visit the museum.

→ _____

Point 10 미래시제의 의문문, 부정문

Will you meet Jane next week? 너는 다음주에 Jane을 만날 거니?

No, I won't see her for a while. 아니, 나는 당분간 그녀를 보지 않을 거야.

1 미래시제의 의문문

will	will+주어+동사원형 ~?	Will you accept his offer? 너는 그의 제안을 받아들일 거니? Yes, I will. 응, 그럴 거야. / No, I won't. 아니, 그러지 않을 거야.
be going to	be+주어+going to+동사원형 ~?	Are you going to join the gym class? 너는 체육수업에 함께 할 거니? Yes, I am. 응, 그럴 거야. / No, I'm not. 아니, 그러지 않을 거야.

2 미래시제의 부정문

> will not의 축약형은 won't

will	주어+will+not+동사원형	She will not[won't] attend the meeting tomorrow. 그녀는 내일 그 회의에 참석하지 않을 것이다.
be going to	주어+be+not+going to+동사원형	We are not going to hike. 우리는 등산하지 않을 예정이다.

● 바로 적용하기

 우리말과 일치하도록 ( ) 안의 단어를 사용하여 미래시제의 의문문 또는 부정문을 쓰시오.

1 그녀가 우리를 기억할까? (remember)

→ ＿＿＿＿＿＿ she ＿＿＿＿＿＿ us?

2 나는 오늘밤에 TV를 보지 않을 예정이다. (watch)

→ ＿＿＿＿＿ ＿＿＿＿＿ ＿＿＿＿＿ ＿＿＿＿＿ ＿＿＿＿＿ TV

tonight.

3 너는 미술 클럽에 가입할 거니? (join)

→ ＿＿＿＿＿ you ＿＿＿＿＿ ＿＿＿＿＿ ＿＿＿＿＿ the art club?

4 그녀는 새 휴대폰을 사지 않을 거야. (buy)

→ She ＿＿＿＿＿ ＿＿＿＿＿ ＿＿＿＿＿ ＿＿＿＿＿ ＿＿＿＿＿

the new phone.

5 그들이 올해에도 파티에 올까? (come)

→ ＿＿＿＿＿ they ＿＿＿＿＿ to the party this year?

6 그는 그 약속을 깨지 않을 거야. (break)

→ He _____ _____ the promise.

7 우리 가족은 이번 여름에는 하와이로 여행하지 않을 계획이야. (travel)

→ My family _____ _____ _____ _____

_____ to Hawaii this summer.

8 내 여동생은 내일까지는 숙제를 시작하지 않을 거야. (start)

→ My sister _____ _____ _____ the homework until

tomorrow.

B 주어진 문장의 부정문과 의문문을 쓰시오.

1 John will study for the exams this weekend.

[부정문] → _____

[의문문] → _____

2 They are going to paint the house.

[부정문] → _____

[의문문] → _____

3 She will make a cake for the party.

[부정문] → _____

[의문문] → _____

4 We are going to start a new project.

[부정문] → _____

[의문문] → _____

5 He will travel to Japan in April.

[부정문] → _____

[의문문] → _____

6 Chris is going to bring a puppy.

[부정문] → _____

[의문문] → _____

[01-03] 우리말과 일치하도록 ( ) 안의 단어를 활용하여 문장을 완성하시오.

01 너의 점심식사가 식어가고 있다. (get)

→ Your lunch _____ cold.

02 Terry와 그의 남동생은 야구를 하는 중이었다. (play)

→ Terry and his brother _____ baseball.

03 그 환자들은 침대에 누워 있다. (lie)

→ The patients _____ on the bed.

[04-06] 빈칸에 공통으로 들어갈 알맞은 말을 〈보기〉에서 골라 현재진행형으로 쓰시오.

| 보기 | bake | run | paint |

04
- The cat (1) _____ all over the house.
- The children (2) _____ around the playground.

(1) _____

(2) _____

05
- My mother (1) _____ a chocolate cake.
- I (2) _____ cookies for a snack.

(1) _____

(2) _____

06
- Joe (1) _____ a picture on the paper.
- Students (2) _____ posters for the art show.

(1) _____

(2) _____

[07-09] 주어진 질문에 알맞은 대답을 써서 대화를 완성하시오.

07 A: Will you go hiking this weekend?
B: No, _____ _____.

08 A: Are you going to meet Nancy today?
B: Yes, _____ _____.

09 A: Is he going to fail the exam again?
B: No, _____ _____ _____.

[10-11] 다음 문장을 부정문과 의문문으로 바꿔 쓰시오.

10 He will take a rest at the cafe.

(1) [부정문] → _____

(2) [의문문] → _____

11 They were going to visit the festival.

(1) [부정문] → _____
_____

(2) [의문문] → _____

[12-13] 다음 문장을 ( ) 안의 지시에 맞게 바꿔 쓰시오.

12 Brian plays basketball with his friends.
(과거진행시제의 부정문으로 쓸 것)

→ _____

13 Sujin listens to music.
(at that time을 추가하여 진행시제 의문문으로 쓸 것)

→ _____

🔔 함정유형

[14-15] 〈보기〉에서 필요한 단어만 골라 배열하여 대화를 완성하시오.

14

보기	you	going	are	go	is
	some apples		to buy		will

A: _____?
B: No, I'm not. I will buy oranges.

15

보기	the piano	was	playing
	she	play	is

A: _____?
B: Yes, she was. Her performance was really great.

[16-17] 어법상 틀린 부분을 찾아 바르게 고치시오.

16 He will meets his uncle on Saturday.

_____ → _____

17 Jack and I was going to play tennis.

_____ → _____

⭐ 신유형

18 그림을 보고 A의 질문에 대한 B의 대답을 쓰시오.

(1) A: Is the boy riding a bicycle?
B: _____, _____
_____.

(2) A: Are the girls on the sofa watching TV?
B: _____, _____
_____. They _____
_____ a book.

난이도 ★★★

19 대화를 읽고, 대화를 요약한 문장의 빈칸에 들어갈 알맞은 말을 쓰시오.

Roy:	Jake, I'm going to visit Lakeside Garden this Friday. There are going to be 3,600 butterflies there.
Jake:	3,600 butterflies? Really?
Roy:	Yes, but they're not real butterflies. An artist created them with paper.
Jake:	Oh, can I come with you?
Roy:	Of course. Let's meet here at 2 o'clock.
Jake:	Great. See you then.

(1) Roy and Jake _____
_____ _____
_____ Lakeside Garden.

(2) They _____ _____
_____ _____ at 2 o'clock.

20 어법상 틀린 문장을 <u>두 개</u> 찾아 기호를 쓰고, 틀린 부분을 바르게 고쳐 문장을 다시 쓰시오.

> ⓐ Jack and I am going to watch a movie.
> ⓑ Will Jane and Mary come to the show?
> ⓒ Everyone is having a wonderful time.
> ⓓ Are the dogs eating some snacks?
> ⓔ Peter will cancel not the meeting.

(   ) _____

(   ) _____

21 〈보기〉에 주어진 단어를 활용하여 글의 빈칸에 들어갈 알맞은 말을 쓰시오. (현재 진행되는 동작을 나타내는 표현으로 쓸 것)

> 보기   jump   enjoy   play   feed
>   sing

> It is a lovely sunny day. The children
> (1) _____ in the garden.
> Timmy (2) _____ his dog.
> Emily (3) _____ rope
> near the flowerbeds. The birds
> (4) _____ happily. Nearby,
> their parents (5) _____ a cup
> of tea on the bench. It's a perfect day for
> outdoor fun.

[22-23] 글을 읽고 물음에 답하시오.

> I'm Danny. This Saturday is my birthday. I will have my birthday party at my house. Jake and Roy will come. We are going to eat pizza and steak. ⓐ <u>우리는 또한 생일 노래를 부르고 촛불을 끌 것이다.</u>

22 윗글의 내용과 일치하도록 B의 대답에 알맞은 A의 질문을 〈조건〉에 맞게 쓰시오.

> 조건   1. 총 6단어로 쓸 것
>   2. 'chicken'을 포함할 것

A: _____

B: No, they are going to eat pizza and steak.

23 ⓐ의 우리말과 일치하도록 〈보기〉의 말을 바르게 배열하시오.

> 보기   will also   and   sing
>   birthday song   candles   we
>   blow out   a

→ _____

CHAPTER

04

조동사

Point 11 can, may

I can ride a bicycle.
나는 자전거를 탈 수 있다.

You may ride my bicycle.
너는 내 자전거를 타도 된다.

1 **can** 능력, 허락, 요청의 의미를 나타낸다.

> cannot을 can not으로 쓰지
> 않도록 주의!

능력 (~할 수 있다/없다)	She can speak four languages. 그녀는 4개 국어를 말할 수 있다. She can't[cannot] speak Spanish. 그녀는 스페인어를 말할 줄 모른다. ★
허락 (~해도 된다/안 된다)	You can use your phone here. 너는 여기서 휴대폰을 사용해도 된다. You can't[cannot] use your phone here. 너는 여기서 휴대폰을 사용하면 안 된다.
요청 (~해 주시겠어요?)	Can[Could] you please help me? 저를 도와주시겠어요? ★

> could는 can보다 더 정중한
> 의미를 나타낸다.

🔔 주의   1 can이 능력을 나타낼 때는 be able to로 바꿔 쓸 수 있다. 주어와 시제에 맞게 be동사를 써야 한다.
   He is able to solve the question. 〈현재-긍정문〉 그는 그 문제를 풀 수 있다.
   He was not able to solve the question. 〈과거-부정문〉 그는 그 문제를 풀 수 없었다.

   2 조동사 두 개를 나란히 쓸 수 없다.
   James will can run fast. (×)
   → James will be able to run fast. (○) James는 빨리 달릴 수 있을 것이다.

2 **may** 약한 추측, 허락의 의미를 나타낸다.

약한 추측 (~ 일지도 모른다)	He may like the movie. 그는 그 영화를 좋아할지도 모른다. The rumor may not be true. 그 소문은 진실이 아닐지도 모른다.
허락 (~해도 된다/안 된다)	You may ask a question. 너는 질문을 해도 된다. You may not enter the area. 너는 그 구역에 들어오면 안 된다.

● 바로 적용하기

 우리말과 일치하도록 빈칸에 들어갈 알맞은 조동사를 쓰시오. (정답 두 개 가능)

1 그는 이 무거운 상자를 들 수 있다.

   → He _____ lift this heavy box.

2 나는 내일 회의에 참석할 수 없다.

   → I _____ attend the meeting tomorrow.

3 그녀는 피아노를 잘 칠지도 모른다.

   → She _____ play the piano well.

4 문이 열려 있으니 들어와도 괜찮아.

   → You _____ come in; the door is open.

50

5 그는 안경을 썼을 때만 읽을 수 있다.

→ He _____ read only with his glasses.

6 도서관에서는 큰 소리로 말하면 안 된다.

→ In the library, you _____ speak loudly.

7 그들은 수영을 아주 잘 한다.

→ They _____ swim very well.

8 오늘은 일찍 집에 가도 된다.

→ You _____ go home early today.

B 우리말과 일치하도록 빈칸에 들어갈 알맞은 말을 쓰시오.

1 Tina는 아파서 오늘 학교에 갈 수 없다.

→ Tina is sick, so she _____ _____ to school today.

2 Bob은 기타를 칠 수 있다.

→ Bob _____ _____ _____ _____ the guitar.

3 너는 연주회장에 음식을 가져올 수 없다.

→ You _____ _____ _____ food into the concert hall.

4 아이들은 밖에서 놀 수 없었다.

→ Children _____ _____ _____ _____ _____ outside.

5 그는 우산을 가지고 있지 않을지도 모른다.

→ He _____ _____ _____ an umbrella.

6 우리가 그 영화를 봐도 괜찮을까요?

→ _____ we _____ that movie?

7 그녀는 중국어를 잘 할 수 있을 것이다.

→ She _____ _____ _____ _____ _____ Chinese well.

8 박물관에서 너는 전시품을 만져서는 안 된다.

→ You _____ _____ the exhibits in the museum.

must, have to

You **must come home early today.** 너는 오늘 집에 일찍 와야 한다.

You **have to brush your teeth after meals.** 너는 식사 후에는 이를 닦아야 한다.

1 must 현재나 미래의 강한 의무나 추측, 금지를 나타낼 때 쓴다.

must	강한 의무 (~해야 한다)		She must leave right now. 그녀는 지금 당장 떠나야 한다.
	강한 추측	(~임에 틀림없다)	Chris must be a great painter. Chris는 훌륭한 화가임에 틀림없다.
must not	금지 (~하면 안 된다)		You must not cross the road. 너는 그 길을 건너면 안 된다.
	강한 부정 추측	(~일 리 없다)	He must not be[cannot be] a doctor. 그는 의사일 리 없다.

주의 must는 과거의 의무를 나타낼 수 없으므로 had to로 써야 한다.
I had to learn Spanish. 나는 스페인어를 배워야 했다.

2 have to have to는 필수 의무를 나타내고, don't have to는 '불필요'를 나타낸다. 주어와 시제에 맞춰 형태를 바꿔 써야 한다.

have to	필수 의무 (~해야 한다)	I have to get up early. 〈1인칭 – 현재〉 나는 일찍 일어나야 한다. She has to cancel the plan. 〈3인칭 단수 – 현재〉 그녀는 그 계획을 취소해야 한다. Mark had to fix the machine. 〈과거〉 Mark는 그 기계를 고쳐야 했다.
don't have to	불필요 (~할 필요는 없다)	You don't have to come here. 〈2인칭 – 현재〉 너는 여기에 올 필요가 없다. She doesn't have to do the work. 〈3인칭 단수 – 현재〉 그녀는 그 일을 할 필요가 없다. I didn't have to get up early. 〈과거〉 나는 일찍 일어날 필요가 없었다.

Tip have to의 의문문은 「Do[Does/Did]+주어+have to+동사원형 ~?」 형태로 쓴다.
Do I have to clean the living room? 내가 거실을 청소해야 하나요?
Does she have to walk the dog? 그녀가 개를 산책시켜야 하나요?

 바로 적용하기

A 우리말과 일치하도록 빈칸에 들어갈 알맞은 말을 쓰시오.

1 Jake는 리포트를 끝마쳐야 한다.

→ Jake _____ _____ his report.

2 너는 방과 후에 숙제를 해야 한다.

→ You _____ _____ _____ your homework after school.

3 그녀는 그 이메일에 답장해야 한다.

→ She _____ _____ _____ to the email.

4 우리가 그 회의에 참석해야 하나요?

→ _____ we _____ _____ _____ the meeting?

5 그는 그의 아기를 돌봐야 했다.

→ He _____ _____ _____ care of his baby.

6 그녀는 그녀의 딸이 자랑스러울 게 틀림없다.

→ She _____ _____ proud of her daughter.

7 아이들은 TV를 너무 오래 보면 안 된다.

→ Children _____ _____ _____ TV for too long.

8 너는 여기서 그를 기다릴 필요가 없다.

→ You _____ _____ _____ _____ for him here.

9 제가 어제 이 책을 반납해야 했나요?

→ _____ I _____ _____ _____ the book yesterday?

10 그것이 사실일 리 없다.

→ It _____ _____ _____ true.

B 어법상 틀린 부분을 찾아 바르게 고쳐 문장을 다시 쓰시오.

1 Danny have to hand in the report today.

→ _____

2 Does she has to leave tonight?

→ _____

3 He don't have to pay more money.

→ _____

4 Eric musts be a liar.

→ _____

5 I had to followed the doctor's words.

→ _____

6 He must stops smoking for his health.

→ _____

should

Children should read good books.
아이들은 좋은 책을 읽어야 한다.

---

1 should 약한 의무, 금지 및 충고나 제안을 나타낼 때 쓴다.

약한 의무 (~해야 한다)	You should exercise regularly for health. 건강을 위해 규칙적으로 운동해야 한다.
금지 (~하면 안 된다)	You should not[shouldn't] pick the flowers on the street. 길거리의 꽃을 꺾으면 안 된다.
충고·제안 (~하는 것이 좋다)	You should study more for the exams. 시험을 위해 더 공부하는 것이 좋다.

 Tip
1 should의 의문문은 「Should+주어+동사원형 ~?」 형태로 쓴다.
Should I apologize to Tom? 내가 Tom에게 사과해야 하니?
2 should는 약한 의무를 나타내며, ought to로 바꿔 쓸 수 있다. must나 have to로 바꿔 쓰면 안 된다.
Tim should help Irene.
= Tim ought to help Irene. Tim은 Irene을 도와야 한다.

바로 적용하기

우리말과 일치하도록 〈보기〉에서 알맞은 단어를 고른 후 should를 활용하여 문장을 완성하시오.

보기	read	have	keep	wear	apply for	waste

1 너는 차 안에서 안전벨트를 매야 한다.

→ You _____ a seatbelt in the car.

2 우리는 소중한 시간을 낭비해서는 안 된다.

→ We _____ our precious time.

3 학생들은 더 많은 고전 문학을 읽어야 한다.

→ Students _____ more classical literature.

4 제가 그 일자리에 지원해야 하나요?

→ _____ the job?

5 너는 간식을 너무 많이 먹지 않는 게 좋겠어.

→ You _____ too many snacks.

6 그는 약속을 지켜야 한다.

→ He _____ his promise.

B 우리말과 일치하도록 ( ) 안의 단어를 바르게 배열하시오.

1 그녀는 운동을 더 자주 해야 한다. (exercise, should, more, she, often)

→ _____

2 너는 건강한 음식을 먹는 게 좋겠다. (eat, should, healthy, you, food)

→ _____

3 학생들은 학교에 지각하면 안 된다. (late, should, school, be, for, students, not)

→ _____

4 너는 늦게까지 깨어있으면 안 된다. (stay, you, shouldn't, late, up)

→ _____

5 우리는 쓰레기를 줄여야 한다. (ought, reduce, to, waste, we)

→ _____

6 내가 파티에 Jane을 초대해야 할까? (invite, party, should, to, I, Jane, the)

→ _____

7 Jake가 그의 부모님의 충고를 들어야 하니? (listen, his, Jake, advice, to, should, parents')

→ _____

8 우리는 미래를 위해 돈을 모아야 한다. (for, money, save, future, we, our, should)

→ _____

9 너는 너의 친구들에게 거짓말하면 안 된다. (your, shouldn't, you, friends, lie, to)

→ _____

10 우리가 역까지 버스를 타야 할까? (to, station, bus, the, should, we, the, take)

→ _____

난이도 ★ ★ ★

[01-04] 우리말과 일치하도록 빈칸에 들어갈 알맞은 조동사를 쓰시오.

01 나의 부모님은 장거리 여행으로 피곤하실 지도 모른다.

→ My parents _____ be tired after the long trip.

02 Jake는 바다에서 수영을 할 수 있다.

→ Jake _____ swim in the sea.

03 너는 여기에서 시끄럽게 말하지 않는 게 좋겠다.

→ You _____ not speak loudly here.

04 제 자전거를 수리해주시겠어요?

→ _____ you fix my bicycle for me?

[05-08] 어법상 또는 의미상 틀린 부분을 찾아 바르게 고치시오.

05 Mark must be angry at her.
(Mark는 그녀에게 화가 났을 리 없다.)

_____ → _____

06 Tina have to make a speech in front of the class.
(Tina는 반 앞에서 연설을 해야 한다.)

_____ → _____

07 I must leave the library before 8 o'clock.
(나는 8시 전에 도서관을 나와야 했다.)

_____ → _____

08 We will can win the competition.
(우리는 그 대회에서 우승할 수 있을 것이다.)

_____ → _____

[09-11] 주어진 문장을 ( ) 안의 지시에 맞게 바꿔 쓰시오.

09 The children must visit the museum. (과거시제로)

→ _____

10 They were able to see the stars. (부정문으로)

→ _____

11 He has to follow the rules. (의문문으로)

→ _____

난이도 ★ ★ ★

[12-13] 다음 두 문장이 같은 뜻이 되도록 빈칸에 알맞은 말을 쓰시오.

12 Taylor must be friendly to her friends.

→ Taylor _____ _____ be friendly to her friends.

13 Jimmy could not hear the conversation well.

→ Jimmy _____ _____ _____ _____ hear the conversation well.

[14-16] 빈칸에 공통으로 들어갈 알맞은 조동사를 쓰시오.

14
• You _____ wear a helmet.

• Jacob _____ not be a liar. He never tells a lie.

_____

15
• _____ you help me with this problem?

• _____ I borrow your pen now?

_____

16
• This math problem is very difficult. You _____ solve it.

• He _____ be a singer. He is bad at singing.

_____

⭐ 신유형

17 표지판을 보고 ( ) 안의 표현과 should를 사용하여 경고문을 완성하시오.

(1) You _____.
(enter, with a dog)

(2) You _____.
(use, in the theater)

18 〈보기〉의 단어를 바르게 배열하여 문장을 만들 때, **세 번째**로 올 단어를 쓰시오.

보기	like	your	your
	father	may	present

_____

[19-20] 〈보기〉의 문장을 부정문으로 바꿀 때, 우리말과 일치하도록 빈칸에 들어갈 알맞은 말을 쓰시오.

보기	Sam has to make a decision quickly.

19 Sam _____ make a decision quickly.
(Sam은 빨리 결정하면 안 된다.)

20 Sam _____ make a decision quickly.
(Sam은 빨리 결정할 필요가 없다.)

21 〈보기〉의 단어와 should를 사용하여 엄마의 조언을 완성하시오.

보기	dress	drink	take

(1) Eric: Mom, I have a headache.
Mom: Oh, you have a fever. You _____ _____ some medicine.

(2) Eric: I feel chilly.
Mom: You _____ _____ warmly.

(3) Eric: I still feel a little bit cold.
Mom: You _____ _____ a cup of warm milk. I'll bring one.

난이도 ★ ★ ★

22 표를 보고 각각 Juan과 Kate를 주어로 사용하여 〈조건〉에 맞게 문장을 완성하시오.

	Juan	Kate
잘 할 수 있는 것	피아노 치기	달리기
하면 안 되는 것	패스트푸드 먹기	TV 보기

조건 1. 각각 조동사 can과 should를 사용하여 쓸 것
2. 각각 긍정문과 부정문으로 쓸 것

(1) Juan _____ .

(2) Kate _____ .

23 글을 읽고, ( ) 안의 단어를 사용하여 밑줄 친 우리말을 영어로 쓰시오.

Traveling is exciting. You (1) <u>새로운 장소들을 방문할 수 있다</u> and meet new people. But remember this! You (2) <u>여권을 가지고 다녀야 한다</u> every where. You (3) <u>계획할 필요는 없다</u> every minute of your journey. Just relax and enjoy the journey itself!

(1) _____ . (visit)

(2) _____ . (bring)

(3) _____ . (plan)

24 각 문장에서 어법상 틀린 부분을 찾아 바르게 고쳐 문장을 다시 쓰시오.

ⓐ 제가 추가로 돈을 더 내야 하나요?
→ Have I to pay an extra charge?

ⓑ 나는 어제 그 식당을 예약할 필요가 없었다.
→ I don't have to book the restaurant yesterday.

ⓒ 그녀는 피곤한 것이 틀림없어.
→ She has to be tired.

ⓓ Jake가 거짓말을 할 리 없어.
→ Jake should not be lying.

ⓐ _____

ⓑ _____

ⓒ _____

ⓓ _____

CHAPTER

05

명사와 대명사

셀 수 있는 명사

Jason is holding a bag.
Jason은 가방을 들고 있다.

He put two books in it.
그는 그 안에 책 두 권을 넣었다.

---

1 **셀 수 있는 명사의 형태** 단수일 경우 명사 앞에 a[an]를 붙이고, 복수일 경우 명사 뒤에 -s를 붙인다.

◎ 셀 수 있는 명사의 복수형

대부분의 명사	명사+-s	pen**s** book**s** cup**s** chair**s** eye**s**
-s, -ch, -sh, -x, -o로 끝나는 명사	명사+-es	bus**es** witch**es** dish**es** box**es** potato**es** 예외 zoos, kangaroos, pianos, photos
「자음+y」로 끝나는 동사	y를 i로 바꾸고+-es	cherr**ies** berr**ies** bab**ies** sk**ies** pupp**ies**
-f, -fe로 끝나는 명사	f(e)를 v로 바꾸고+-es	sel**ves** wi**ves** kni**ves** hal**ves** thie**ves** 예외 roofs, cliffs, beliefs

2 **명사의 불규칙 복수형**

man → men	woman → women	child → children	tooth → teeth
foot → feet	mouse → mice	goose → geese	ox → oxen

 주의 fish, deer, sheep 등은 단수형과 복수형의 형태가 같다.

● **바로 적용하기**

A **우리말과 일치하도록 ( ) 안의 단어를 복수형으로 바꿔 문장을 완성하시오.**

1 그 아이들은 매일 공원에서 논다. (child)

→ The _____ play in the park every day.

2 Betty는 아름다운 장미꽃들을 바라보았다. (rose)

→ Betty looked at the beautiful _____.

3 그는 길모퉁이에서 새끼강아지 세 마리를 발견했다. (puppy)

→ He found three _____ on the street corner.

4 Bob은 쥐들을 발견하고 비명을 질렀다. (mouse)

→ Bob discovered the _____ and screamed.

5 학생들은 그 질문들에 올바르게 대답했다. (question)

→ The students answered the _____ correctly.

6 남자 두 명이 택시를 기다리고 있다. (man)

→ Two _____ are waiting for the taxi.

7 그녀는 숲에서 사슴 몇 마리를 보았다. (deer)

→ She saw some _____ in the forest.

8 한 무리의 도둑들이 그 마을에 침입했다. (thief)

→ A group of _____ invaded the village.

B 어법상 틀린 부분을 바르게 고쳐 문장을 다시 쓰시오.

1 Jason ate tasty strawberrys.

→ _____

2 I met three witchs in my dream.

→ _____

3 She opened the boxs carefully.

→ _____

4 You have to brush your toothes every day.

→ _____

5 Be careful! The knifes are very sharp.

→ _____

6 He takes care of three babys.

→ _____

7 The shelfs are full of books.

→ _____

8 We need three potatos and a carrot.

→ _____

Point 15 셀 수 없는 명사

I need some salt for my food.
나는 음식에 넣을 소금이 조금 필요하다.

I want a cup of hot tea.
나는 뜨거운 차 한 잔을 원한다.

---

1 셀 수 없는 명사 명사 앞에 a[an]를 쓸 수 없으며, 복수형으로 쓸 수 없고, 항상 단수로 쓴다.

물질명사	정해진 모양이 없는 물질	water milk air money sugar
고유명사	이름, 상표, 요일 등 고유한 것	James Wednesday Korea FIFA ★
추상명사	개념, 감정 등 추상적인 것	anger happiness freedom truth honesty

> 항상 대문자로 시작하는 것에 주의!

주의 셀 수 있는 명사처럼 보이지만, 셀 수 없는 명사로 취급하는 명사들
luggage 짐, information 정보, homework 숙제, furniture 가구

2 물질명사의 수량 표현

a bottle of	water, wine, beer	a bowl of	soup, rice, salad
a cup of	tea, coffee	a glass of	juice, water, milk
a loaf of	bread	a piece of	cake, furniture
a sheet of	paper	a slice of	pizza, cheese, bread

Tip
1 복수의 수량표현을 나타낼 때는 단위명사에 -(e)s를 붙인다.
two glasses of water 물 두 잔　　　three pieces of cake 케이크 세 조각
2 짝으로 이루어진 명사 glasses 안경, pants 바지, gloves 장갑, scissors 가위는 항상 복수형으로 쓰며, a pair of를 사용해 수를 나타낸다.
a pair of pants 바지 한 벌　　　two pairs of gloves 장갑 두 켤레
3 a pice of 뒤에 추상명사를 써서 수량을 표현할 수 있다.
a piece of information 한 가지 정보　　a piece of advice 충고 한 마디

● 바로 적용하기

밑줄 친 부분을 어법상 바르게 고쳐 문장을 다시 쓰시오.

1 I need some breads.

→ _____

2 Could you add a sugar to my tea, please?

→ _____

3 The advices were helpful to me.

→ _____

4 The furnitures in her room is very unique.

→ _____

5 We need some informations about the project.

→ _____

6 Chris was very hungry, so he ate two piece of cake.

→ _____

7 Dorothy put a pair of scissor on the desk.

→ _____

8 I tried on three pairs of pant at the clothing store.

→ _____

9 James carried his luggages to the airport.

→ _____

10 We cannot buy a happiness with moneys.

→ _____

B 우리말과 일치하도록 ( ) 안의 단어를 바르게 배열하시오.

1 나는 치즈 두 장이 필요하다. (cheese, of, need, I, slices, two)

→ _____

2 그는 테니스화 두 켤레를 샀다. (pairs, shoes, bought, tennis, he, two, of)

→ _____

3 나는 하루에 우유 세 잔을 마신다. (of, three, milk, drink, a day, I, cups)

→ _____

4 David는 오늘 아침에 빵 한 덩이를 먹었다. (David, loaf, ate, of, this morning, a, bread)

→ _____

5 형이 나를 위해 케이크 한 조각을 남겨두었다. (for me, piece, my, left, cake, of, brother, a)

→ _____

6 나는 상점에서 양말 두 켤레를 샀다. (bought, I, of, the store, two, at, socks, pairs)

→ _____

some과 any / 「There＋be동사＋명사」

I need some milk and eggs.	There are books on the desk.
나는 약간의 우유와 달걀이 필요하다.	책상 위에 책들이 있다.

1 some과 any 둘 다 셀 수 있는 명사, 셀 수 없는 명사와 함께 쓸 수 있지만, 문장의 종류와 의미에 따라 쓰임새가 다르다.

some	긍정문 (몇몇, 약간)	She bought some oranges. 그녀는 오렌지를 몇 개 샀다.
	긍정의 대답을 기대하는 의문문, 권유문 (조금)	May I ask for some help? 도움을 좀 요청해도 될까요?
any	부정문 (전혀, 조금도)	I don't have any money. 나는 돈이 조금도 없다.
	의문문 (어느, 어떤)	Do you have any questions? (어떤) 질문 있나요?

2 「There＋be동사＋명사(주어)」 '~가 있다'의 의미이며, 주어의 수에 맞춰 알맞은 be동사를 쓴다.

긍정문	There＋be동사＋명사	There are many people on the street. 길거리에 사람들이 많이 있다.
의문문	be동사＋there＋명사 ~?	Is there some cheese on the table? 식탁 위에 치즈가 좀 있나요?
부정문	There＋be동사＋not＋명사	There weren't any students in the classroom. 교실에 학생들이 없었다.

> **Tip** 1 there is[are]에 쓰인 there는 '거기에'로 해석하지 않는다.
>
> 2 there 뒤의 be동사는 뒤에 오는 주어의 단·복수 여부에 따라 달라진다.

바로 적용하기

A 우리말과 일치하도록 빈칸에 some과 any 중 알맞은 것을 쓰시오.

1 놀이터에 아이들이 한 명도 없었다.

→ There weren't _____ children in the playground.

2 접시 위에 딸기가 약간 있다.

→ There are _____ strawberries on the plate.

3 주말에 어떤 계획이라도 있니?

→ Do you have _____ plans for the weekend?

4 과일 좀 드시겠어요?

→ Would you like _____ fruit?

5 Joe는 육류를 전혀 먹지 않는다.

→ Joe doesn't eat _____ meat.

B 우리말과 일치하도록 빈칸에 들어갈 알맞은 be동사를 쓰시오.

1 하늘에 무지개가 떠 있다.

→ There _____ a rainbow in the sky.

2 이곳에는 중국인 관광객들이 많이 있다.

→ There _____ many Chinese tourists here.

3 정원에 개 한 마리가 있었다.

→ There _____ a dog in the garden.

4 상자에는 연필이 12자루 있다.

→ There _____ 12 pencils in the box.

5 오래 전에 이곳에 학교가 두 채 있었다.

→ A long time ago, there _____ two schools here.

6 연회장에는 유명한 사람들이 많이 와 있다.

→ There _____ a lot of famous people in the banquet hall.

C 주어진 문장을 지시대로 바꿔 쓰시오.

1 There were some trees here about 10 years ago.

[의문문] → _____

2 There is a bag on the desk.

[부정문] → _____

3 There is a blackboard in the classroom.

[의문문] → _____

4 There were some fruits in the fridge.

[부정문] → _____

5 There is enough food for everyone at the party.

[의문문] → _____

6 There is a spare key for the door.

[부정문] → _____

Point 17 인칭대명사의 격

She is my best friend.
그녀는 나의 가장 친한 친구이다.

Jane saw herself in the mirror.
Jane은 거울 속에 비친 자신을 보았다.

1 인칭대명사의 종류와 격 변화

		주격 (~은, ~는)	소유격 (~의)	목적격 (~을, ~를)	소유대명사 (~의 것)	재귀대명사 (~ 자신)
단수		I	my	me	mine	myself
		you	your	you	yours	yourself
		he	his	him	his	himself
		she	her	her	hers	herself
		it	its	it	–	itself
복수		we	our	us	ours	ourselves
		you	your	you	yours	yourselves
		they	their	them	theirs	themselves

Tip 명사의 소유격: 단수 명사는 「명사's」로 쓰고 -(e)s로 끝나는 복수 명사는 「명사(e)s'」로 쓴다.
Jason's pen Jason의 펜   teachers' room 선생님들의 방(교무실)

주의 1 관사와 소유격은 함께 쓸 수 없다.
a my friend (×)
→ a friend (○), my friend (○), a friend of mine (○)
2 It의 소유격은 Its이므로 It's로 쓰지 않도록 주의하자! It's 는 It is의 축약형이다.

2 재귀대명사의 용법

재귀용법	문장의 주어와 목적어가 같을 때 (생략 불가능)	He got an A in math. He praised himself. 그는 수학에서 A를 받았다. 그는 자신을 칭찬했다.
강조용법	'직접,' '스스로,' '자체'의 의미로 주어 혹은 목적어를 강조할 때 (생략 가능)	He himself led the team. 그는 직접 그 팀을 이끌었다.

○ 재귀대명사 관용 표현
「help + 재귀대명사」: 마음껏 먹다   「enjoy + 재귀대명사」: 즐기다, 즐겁게 보내다   「by + 재귀대명사」: 혼자서

바로 적용하기

 우리말과 일치하도록 빈칸에 들어갈 알맞은 대명사를 쓰시오.

1 Steve는 나에게 매우 친절했다.

→ Steve was very kind to _____.

2 Tom은 그 실수에 대해 자신을 비난했다.

   → Tom blamed _____ for the mistake.

3 새가 나무에 둥지를 지었다.

   → The bird built _____ nest in the tree.

4 책상 위의 노트북은 그녀의 것이다.

   → The notebook on the desk is _____.

5 그들은 식당에서 마음껏 먹었다.

   → They helped _____ in the restaurant.

B 어법상 틀린 부분을 바르게 고쳐 문장을 다시 쓰시오.

1 Cindy only cares about her. (Cindy는 자신에 대해서만 신경 쓴다.)

   → _____

2 The dogs' tail is long. (그 강아지의 꼬리는 길다.)

   → _____

3 He'll take our to the park. (그는 우리를 공원에 데리고 갈 거야.)

   → _____

4 The cat washed it's face after dinner. (그 고양이는 저녁을 먹고 얼굴을 씻었다.)

   → _____

5 The idea for the event is me. (그 행사에 대한 아이디어는 내 것이다.)

   → _____

6 They are proud of themself. (그들은 자신들을 자랑스러워한다.)

   → _____

7 Is this football your's? (이 축구공이 네 것이니?)

   → _____

8 I found the my book under the bed. (나는 그 책을 침대 밑에서 발견했다.)

   → _____

9 He him painted the wall. (그는 직접 벽을 칠했다.)

   → _____

10 Hers umbrella is yellow, and he is black. (그녀의 우산은 노란색이고, 그의 것은 검은색이다.)

   → _____

지시대명사 / 비인칭 주어 It

This is my hat.
이것은 내 모자이다.

It is raining outside.
밖에 비가 온다.

1 **지시대명사** 가까이 있거나 멀리 있는 사람·사물을 지칭할 때 쓴다.

	단수	복수
가까운 곳의 사람·사물을 가리킬 때	this	these
먼 곳의 사람·사물을 가리킬 때	that	those

This is my favorite book. 이것은 내가 가장 좋아하는 책이다.

Those are photos from my graduation. 저것들은 내 졸업식 사진들이다.

➕ Tip 지시대명사가 명사 앞에 쓰여 형용사 역할을 하기도 한다.
That *car* is very expensive. 저 차는 매우 비싸다.
These *houses* are very old. 이 집들은 매우 오래되었다.

2 **비인칭 주어 It** 시간, 요일, 날짜, 날씨, 계절, 온도, 거리 등을 나타내는 문장에서 주어로 쓰며, It은 따로 해석하지 않는다.

It is 2 o'clock. 〈시간〉 지금은 2시다.

It's already December. 〈날짜〉 벌써 12월이다.

● 바로 적용하기

 우리말과 일치하도록 빈칸에 들어갈 알맞은 말을 쓰시오.

1 저 아기들은 매우 귀엽다.

→ _____ babies are very cute.

2 춥고 눈 내리는 날이다.

→ _____ is a cold, snowy day.

3 파랑색으로 이 스타일이 있나요?

→ Do you have _____ style in blue?

4 정원에 있는 저 꽃들 좀 봐!

→ Look at _____ flowers in the garden!

5 5월 5일이다.

→ _____ is May 5.

6 이 신발들은 편안하다.

→ _____ shoes are comfortable.

7 이곳 안은 따뜻하게 느껴진다.

→ _____ feels warm in here.

8 얘는 내 친구 Susie야.

→ _____ is my friend, Susie.

B 밑줄 친 부분을 어법상 바르게 고쳐 문장을 다시 쓰시오.

1 <u>This</u> is summer now.

→ _____

2 I bought <u>these</u> hat in Hawaii.

→ _____

3 <u>That</u> is very sunny outside.

→ _____

4 <u>This students</u> are taking extra math classes.

→ _____

5 <u>Are that</u> your cookies?

→ _____

6 These math problems <u>is</u> very difficult.

→ _____

7 <u>This</u> are my favorite colors.

→ _____

8 <u>That</u> is very far from here.

→ _____

난이도 ★★★

[01-03] 어법상 틀린 부분을 찾아 바르게 고치시오.

01 I like heros in the movies.
(나는 영화 속 영웅들을 좋아한다.)

_____ → _____

02 She smiled at the baby's small foots.
(그녀는 아기의 작은 두 발을 보고 미소 지었다.)

_____ → _____

03 There were several knife on the dinner table.
(저녁 만찬 테이블에 여러 개의 칼이 놓여있었다.)

_____ → _____

04 빈칸에 들어갈 알맞은 단어를 <보기>에서 골라 알맞은 형태로 쓰시오.

보기	piece	bowl	pair
	glass	sheet	

(1) She wants a _____ of cake.

(2) Rex drank three _____ of water.

(3) I need three _____ of socks.

05 우리말과 일치하도록 빈칸에 들어갈 알맞은 말을 쓰시오.

나의 정원에는 많은 아름다운 꽃들이 있다. 봄이 되면, 나는 꽃을 약간 꺾어 그것들을 꽃병에 꽂아둔다.
→ There (1) _____ many beautiful flowers in my garden. In spring, I pick (2) _____ flowers and put (3) _____ in a vase.

(1) _____ (2) _____ (3) _____

[06-07] 빈칸에 들어갈 알맞은 be동사를 써서 문장을 완성하시오.

06 _____ there a parking lot near here?
(여기 근처에 주차장이 있나요?)

07 _____ there a soccer game with Son Heung-min last night?
(어젯밤에 손흥민이 출전하는 축구경기가 있었니?)

[08-09] 빈칸에 들어갈 알맞은 대명사를 써서 문장을 완성하시오.

08 He introduced _____ to many people.
(그는 많은 사람들에게 자신을 소개했다.)

09 There are many shoes here. I can't find _____.
(여기에 신발이 많이 있어. 내 것을 못 찾겠어.)

난이도 ★★★

[10-11] 다음 문장을 부정문과 의문문으로 바꿔 쓰시오.

10 There are some chairs around the table.
(1) [부정문] → _____
(2) [의문문] → _____

11 There was a hospital in this area 10 years ago.
(1) [부정문] → _____
(2) [의문문] → _____

❗ 함정유형

[12-13] 〈보기〉에서 필요한 단어만 골라 배열하여 대화를 완성하시오.

12
보기	is	on the table	were	many
	are	there	oranges	

A: _____?
B: No, there is only one orange on the table.

13
보기	were	there	weren't	aren't
	items	any	some	lost

A: Were there any lost items at this station yesterday?
B: No, _____ at this station yesterday.

14 대화의 밑줄 친 단어를 두 단어로 바꿔 쓰시오.

David: Is this camera his?
Jane: No, it's <u>mine</u>.

→ _____ _____

[15-16] 빈칸에 공통으로 들어갈 알맞은 말을 쓰시오.

15
• He _____ came to me.
• Did he hurt _____ last night?

_____

16
• _____ is my favorite storybook.
• Jenny, _____ is my cousin, Roy.

_____

⭐ 신유형

17 글을 읽고 물음에 답하시오.

    I went to the park last weekend. ⓐ 날씨가 매우 화창했다. There was a bench in the middle of the park. Around the bench, ⓑ (was, were, are, three, there, puppy, puppies, puppys).

(1) 윗글의 밑줄 친 우리말 ⓐ와 일치하도록 〈조건〉에 맞게 쓰시오.

> 조건 sunny를 사용하여 4단어로 쓸 것

→ _____

(2) 그림과 일치하도록 윗글의 ⓑ에서 필요한 말만 골라 바르게 배열하시오.

→ _____

18 친구들이 먹은 음식을 보고 〈조건〉에 맞게 문장을 완성하시오.

> 조건 괄호 안에 주어진 단어를 사용하여 수량을 표현할 것

(1) Peter ate _____. (loaf)
(2) Susan drank _____. (cup)
(3) Emma ate _____. (slice)

19 각 상자에서 빈칸에 들어갈 단어를 하나씩 골라 문장을 완성하시오.

some		salt	book
any		salts	books

(1) Henry ordered _____ from an online bookstore.

(2) The chef didn't add _____ to the soup.

20 대화를 읽고, 밑줄 친 ⓐ와 ⓑ를 〈조건〉에 맞게 영어로 쓰시오.

Andy: Oh, it is raining outside.
Daisy: Yes, it is. We should go home now.
Andy: ⓐ여기에 우산이 하나 있네. ⓑ이거 네 거니?
Daisy: No, I didn't bring my umbrella.
Andy: Then, we should buy one.

조건　ⓐ there를 사용해서 5단어로 영작하시오.
　　　ⓑ 알맞은 소유대명사를 써서 3단어로 영작하시오.

(1) ⓐ _____

(2) ⓑ _____

[21-22] 어법상 틀린 문장을 세 개 찾아 기호를 쓰고, 틀린 부분을 바르게 고쳐 문장을 다시 쓰시오.

21
ⓐ He needs three sheets of paper.
ⓑ I have some informations about the city.
ⓒ This is Sunday today.
ⓓ These toys are his.
ⓔ The tree dropped it's leaves.

(　　) _____

(　　) _____

(　　) _____

22
ⓐ Andy bought three pair of sneakers.
ⓑ My pen is on the desk. Your's is in the pencil case.
ⓒ It is quite cloudy today.
ⓓ They enjoyed themself last night.
ⓔ A long time ago, there was a wonderful beach here.

(　　) _____

(　　) _____

(　　) _____

23 밑줄 친 ⓐ~ⓔ 중 어법상 틀린 것을 모두 찾아 기호를 쓰고, 틀린 부분을 바르게 고쳐 쓰시오.

Toby:　There ⓐ isn't enough people in our village. I can't do the work by ⓑ me.
Kevin: We should ask for help from ⓒ us neighbors.
Toby:　Good idea! But will they come and help ⓓ us?
Kevin: Don't worry. ⓔ They will come and help us.

(　　) _____ → _____

(　　) _____ → _____

(　　) _____ → _____

(　　) _____ → _____

(　　) _____ → _____

CHAPTER

06

형용사와 부사

형용사의 역할

Dennis is a tall boy.
Dennis는 키가 큰 소년이다.

Dennis is tall.
Dennis는 키가 크다.

1   **형용사** 명사를 수식하거나 명사의 성질 및 상태를 설명해 주는 역할을 한다.

○ 명사 앞에서 명사 수식

She found a small kitten outside. 그녀는 밖에서 작은 새끼고양이를 발견했다.

🛡️ Tip   -thing, -body, -one으로 끝나는 명사는 형용사가 명사 뒤에서 수식한다.

I bought something special for my mother. 나는 엄마를 위해 특별한 무언가를 샀다.

○ be동사 뒤에서 주어 설명

The sandwich was delicious. 그 샌드위치는 맛있었다.

🛡️ Tip   형용사 alive, alone, ahead, asleep 등은 명사를 수식할 수 없고, 주어를 설명하는 역할로만 쓰인다.

an asleep baby (×) 잠든 아기

The baby is asleep. (○) 아기는 잠이 들었다.

● **바로 적용하기**

  주어진 문장의 알맞은 위치에 ( ) 안의 단어를 넣어 문장을 다시 쓰시오.

1   Danny is a pianist. (popular)

→ _____

2   Lucas ordered something. (hot and spicy)

→ _____

3   Julie is a student. (smart)

→ _____

4   I couldn't find anything about the movie. (interesting)

→ _____

5   Kevin doesn't like people. (noisy)

→ _____

6   We enjoyed a picnic in the weather at the park. (sunny)

→ _____

B 우리말과 일치하도록 ( ) 안의 단어를 바르게 배열하시오.

1 Alan은 달콤한 음식을 좋아한다. (sweet, likes, food, Alan)

→ _____

2 Bora는 키가 큰 소년 옆에 앉았다. (the, next to, boy, Bora, tall, sat)

→ _____

3 Eric은 소파에서 잠이 들었다. (on, sofa, was, asleep, the, Eric)

→ _____

4 Dennis는 기차에서 어떤 유쾌한 사람을 만났다. (met, Dennis, train, pleasant, on, someone, the)

→ _____

5 Ethan은 무언가 반짝이는 것을 보았다. (something, Ethan, shiny, saw)

→ _____

6 그의 공연은 환상적이었다. (his, fantastic, performance, was)

→ _____

7 Irene은 교실에 혼자 있었다. (the, alone, in, Irene, classroom, was)

→ _____

8 그 점원은 매우 무례했다. (rude, the, was, very, clerk)

→ _____

9 그녀는 긴 생머리를 가지고 있다. (straight, has, she, hair, long)

→ _____

10 그 아기새는 아직 살아 있다. (is, alive, baby bird, still, the)

→ _____

Point 20 수량형용사

There are **many** cars on the road.
도로에 많은 차들이 있다.

I need **a little** time.
나는 약간의 시간이 필요하다.

---

1 **수량형용사** 명사의 수, 혹은 양을 표현하는 형용사이다. 셀 수 있는 명사인지 아닌지에 따라 구분하여 사용해야 한다.

셀 수 있는 명사	many	많은	I have many friends. 나는 친구를 많이 가지고 있다.
	a few	약간 있는	I have a few friends. 나는 친구가 몇 명 있다.
	few	거의 없는	I have few friends. 나는 친구가 거의 없다. ★
셀 수 없는 명사	much	많은	We have much money. 우리는 돈을 많이 가지고 있다.
	a little	약간 있는	We have a little money. 우리는 돈을 약간 가지고 있다.
	little	거의 없는	We have little money. 우리는 돈이 거의 없다. ★

 Tip a lot of, lots of는 셀 수 있는 명사와 셀 수 없는 명사 둘 다 함께 쓸 수 있다.
There are a lot of beautiful flowers in the garden. 정원에는 많은 아름다운 꽃들이 있다.
We ate a lot of pizza at the party. 우리는 파티에서 피자를 많이 먹었다.

> few와 little에는 부정의 의미가 포함되어 있으므로 부정문으로 해석한다.

 바로 적용하기

A 우리말과 일치하도록 〈보기〉에서 알맞은 단어를 골라 문장을 완성하시오. (중복 사용 가능)

> **보기** many　　much　　a few　　few　　a little　　little

1 내 여동생은 역사에 관한 책을 많이 읽는다.

→ My sister reads _____ books about history.

2 Sarah는 지난밤에 잠을 많이 자지 못했다.

→ Sarah didn't get _____ sleep last night.

3 그 강에는 물이 거의 없다.

→ There is _____ water in the river.

4 유리병 안에 약간의 설탕이 있다.

→ There is _____ sugar in the glass jar.

5 Eric은 서랍 안에서 동전 몇 개를 발견했다.

→ Eric found _____ coins in the drawer.

6 그 모임에는 사람들이 거의 참석하지 않았다.

→ _____ people attended the meeting.

7 Fred는 주머니에 돈이 약간 있다.

→ Fred has _____ money in his pocket.

8 그녀는 항상 가방에 책 몇 권을 가지고 다닌다.

→ She always carries _____ books in her bag.

B 어법상 틀린 부분을 찾아 바르게 고쳐 문장을 다시 쓰시오.

1 I picked a little apples.

→ _____

2 You shouldn't drink too many coffee at night.

→ _____

3 There were little children at the playground.

→ _____

4 Jennifer needs a few information about him.

→ _____

5 Is there a lot of tourists in this place?

→ _____

6 We don't have many time.

→ _____

7 I bought a little books at the bookstore.

→ _____

8 There are lots of visitor at the zoo.

→ _____

Point 21 부사의 형태와 역할

He drives carefully.
그는 신중하게 운전한다.

His driving skills are pretty good.
그의 운전 실력은 꽤 훌륭하다.

1 형용사를 부사로 만드는 방법

대부분의 형용사	형용사+-ly	quick → quick**ly** careful → careful**ly** beautiful → beautiful**ly**
-y 로 끝나는 형용사	y를 i로 고치고+-ly	heavy → heav**ily** lazy → laz**ily** busy → bus**ily**
-ue, -le로 끝나는 형용사	형용사의 e를 빼고+-ly	true → tru**ly** gentle → gent**ly** terrible → terrib**ly**

2 혼동하기 쉬운 형용사와 부사

형용사	high 높은	late 늦은	hard 어려운, 딱딱한	near 가까운
부사	high 높게	late 늦게	hard 열심히	near 근처에
부사+-ly	highly 매우	lately 최근에	hardly 거의 ~않는	nearly 거의

3 형태가 같은 형용사와 부사

형용사	fast 빠른	early 이른	pretty 예쁜	well 건강한	long 긴
부사	fast 빠르게	early 일찍	pretty 꽤	well 잘, 좋게	long 길게, 오래

> **주의** lovely, friendly, lively, lonely 등은 -ly로 끝나지만 형용사이다.

4 부사의 역할과 위치 형용사, 부사, 동사(구), 문장 전체를 수식하며, 수식하는 형용사의 앞, 동사(구)의 앞뒤에 위치한다.

My car is quite small. 〈형용사 수식〉 내 차는 꽤 작다.
Cheetah can run very fast. 〈부사 수식〉 치타는 매우 빨리 달릴 수 있다.
Unfortunately, he miss his flight. 〈동사 수식〉 유감스럽게도, 그는 비행기를 놓쳤다.

● 바로 적용하기

 A ( ) 안의 단어를 알맞은 형태로 써서 문장을 완성하시오.

1 Tommy can _____ climb the tree. (easy)

2 The idea is _____ creative. (high)

3 I finished my homework very _____. (fast)

78

4 My mom cooked dinner _____ in the kitchen. (busy)

5 James _____ spoke during the meeting. (hard)

6 I apologized for being _____ to the party. (late)

7 The train arrived at the station surprisingly _____. (fast)

8 The bottle is _____ empty. (near)

9 He can speak Korean very _____. (natural)

10 The airplane flew _____ above the clouds. (high)

B 우리말과 일치하도록 ( ) 안의 단어를 바르게 배열하시오.

1 그 고양이는 조용히 자고 있다. (quietly, the, sleeping, cat, is)

→ _____

2 그녀는 재빨리 전화를 받았다. (phone, quickly, the, answered, she)

→ _____

3 그 개는 우리를 향해 시끄럽게 짖었다. (loudly, us, barked, at, the, dog)

→ _____

4 그의 제빵 기술은 꽤 훌륭하다. (pretty, skills, his, good, baking, are)

→ _____

5 제가 오래 기다려야 하나요? (have, long, to, do, wait, I)

→ _____

6 시험 전에는 열심히 공부해야 한다. (should, study, before, you, a test, hard)

→ _____

7 그 강은 천천히 흐른다. (flows, the, slowly, river)

→ _____

8 그는 시험을 잘 봤다. (he, well, exam, on, did, the)

→ _____

Point 22 빈도부사

Teddy always studies hard.
Teddy는 항상 열심히 공부한다.

He is never late for school.
그는 절대 학교에 지각하지 않는다.

---

1 **빈도부사** 어떤 일이 얼마나 자주 일어나는지 나타내는 말로, be동사와 조동사 뒤, 일반동사 앞에 위치한다.

빈도 낮음					빈도 높음
0%	10%	30-50%	50-70%	80-90%	100%
never	seldom	sometimes	often	usually	always
결코 ~않는	거의 ~않는	가끔	종종	대게	항상

> **Tip** 횟수를 나타내는 말은 once 한 번, twice 두 번, three times 세 번, four times 네 번....로 쓴다.
> **I go to the market** twice **a month.** 나는 한 달에 두 번 시장에 간다.

바로 적용하기

A **우리말과 일치하도록 ( ) 안의 단어를 바르게 배열하시오.**

1 우리는 가끔 그 카페에 들른다. (sometimes, the, stop, cafe, we, by)
→ _____

2 그들은 거의 정직하지 않다. (they, seldom, honest, are)
→ _____

3 내 여동생은 이따금 극장에 간다. (my, often, goes, sister, the, to, cinema)
→ _____

4 그녀는 항상 나에게 미소 지어준다. (smiles, me, she, at, always)
→ _____

5 나의 개는 항상 나를 따라다닌다. (dog, always, my, me, follows)
→ _____

6 Charlie는 절대 TV를 보지 않는다. (TV, watches, Charlie, never)
→ _____

7 나는 가끔 집에서 커피를 직접 만든다. (sometimes, at, coffee, home, make, I, my own)
→ _____

8 나는 항상 최선을 다 할 것이다. (do, always, I, best, will, my)

→ _____

9 나는 대개 버스를 타고 학교에 간다. (take, school, I, the, usually, to, bus)

→ _____

10 Chris는 절대 탄산음료를 마시지 않는다. (drinks, Chris, soda, never)

→ _____

B

주어진 문장의 알맞은 위치에 ( ) 안의 단어를 넣어 문장을 다시 쓰시오.

1 The children are happy. (always)

→ _____

2 The boys play football after school. (often)

→ _____

3 The restaurant is closed on weekends. (never)

→ _____

4 My mother prepares breakfast at 7 a.m. (usually)

→ _____

5 This city has sunny days. (seldom)

→ _____

6 She arrives early for meetings. (always)

→ _____

7 They go out for dinner on weekends. (often)

→ _____

8 She watches horror movies. (sometimes)

→ _____

난이도 ★ ★ ★

01 빈칸에 hard의 알맞은 형태를 쓰시오.

(1) She studied _____ for the English exam.

(2) This peanut is very _____.

(3) Matthew could _____ understand me.

02 빈칸에 high의 알맞은 형태를 쓰시오.

(1) He jumped _____.

(2) Brad is a _____ intelligent child.

(3) The mountain is very _____.

[03-05] 우리말과 일치하도록 ( ) 안의 단어를 사용하여 문장을 완성하시오.

03 그 농부는 나무 아래에서 이상한 무언가를 발견했다. (strange)

→ The farmer found _____ _____ under a tree.

04 나는 새로운 어떤 것이든 도전할 것이다. (new)

→ I'll try _____ _____.

05 용감한 누군가가 그 고양이를 나무에서 구해냈다. (brave)

→ _____ _____ rescued the cat from the tress.

06 다음 두 문장이 같은 뜻이 되도록 빈칸에 알맞은 말을 쓰시오.

Jason is a fast learner.
= Jason learns _____.

[07-08] ( ) 안의 단어를 사용하여 문장을 완성하시오.

07 Eric can play the guitar _____ skillfully. (pretty)

08 You should read this guide book _____. (careful)

[09-10] 주어진 문장의 알맞은 위치에 ( ) 안의 단어를 넣어 문장을 다시 쓰시오.

09 He is happy. (always)

→ _____

10 They eat sandwiches for breakfast. (usually)

→ _____

난이도 ★ ★ ★

[11-14] 우리말과 일치하도록 〈보기〉에서 알맞은 단어를 골라 문장을 완성하시오.

보기	many	much	a few
	a little	few	little

11 우리에게는 많은 짐이 필요하지 않다.

→ We don't need _____ luggage.

82

12 그의 말에 대해 불평하는 학생들은 거의 없었다.

→ _____ students complained about his words.

13 Henry에게는 약간의 한국인 친구들이 있다.

→ Henry has _____ Korean friends.

14 Amy는 그 콘서트에 거의 관심이 없다.

→ Amy has _____ interest in the concert.

15 다음 글에서 어법상 틀린 부분을 <u>세 군데</u> 찾아 바르게 고치시오.

My mom's birthday is coming. I'm going to prepare special something for her. I'm going to buy a few rose and make a cake for her. I hope it will be a happily day for my mom.

(1) _____ → _____

(2) _____ → _____

(3) _____ → _____

🔔 함정유형

[16-18] <보기>에서 필요한 단어만 골라 바르게 배열하여 A의 질문에 대한 B의 대답을 완성하시오.

16

보기	little	has	computers
	about	a few	she
	few	knowledge	

A: Does Erin know a lot about computers?
B: No, _____.

17

| 보기 | Italian | I | seldom | to |
| | often | go | restaurants | |

A: Do you like Italian food?
B: Yes, _____.

18

| 보기 | terrible | the | food |
| | was | were | terribly |

A: How was the new restaurant at the corner?
B: You should not go there. _____
_____.

⭐ 신유형

19 그림을 보고 빈칸에 들어갈 알맞은 단어를 <보기>에서 골라 쓰시오.

| 보기 | many | a few | a little |
| | a lot of | | |

(1) Ella and Anthony are at a buffet restaurant. Ella doesn't feel hungry, so she put only _____ food on her plate.

(2) Anthony is very hungry now, so he put _____ food on his plate.

20 Sue의 일상생활을 나타낸 표를 보고, <보기>와 같이 묘사하는 3문장을 영어로 쓰시오.

	every day	6 days a week	5 days a week	do not
walk her dog		●		
draw pictures	●			
listen to music			●	
be awake until late				●

보기 Sue usually walks her dog.

(1) _____

(2) _____

(3) _____

21 대화의 밑줄 친 부분의 쓰임이 <보기>의 A와 같으면 A를, B와 같으면 B를 쓰시오.

보기 A. You have to run <u>fast</u> now.
B. <u>Fast</u> food is not good for your health.

Alan: I'm so tired.
Mark: Did you stay up (1) <u>late</u> again?
Alan: Yes, I studied until late at night.
Mark: Wow! You are studying so (2) <u>hard</u>!
Alan: Yes, I'll get a (3) <u>high</u> score on this math test.
Mark: I'll cross my fingers for you, but go to bed (4) <u>early</u> tonight. Your health must come first.

(1) _____ (2) _____

(3) _____ (4) _____

22 우리말과 일치하도록 <조건>에 맞게 영어로 쓰시오.

조건 1. 7단어로 쓸 것
2. lift, heavy box, easy를 사용할 것
3. 필요 시 형태를 바꿀 것

그는 그 무거운 상자를 쉽게 들 수 있다.

→ _____

난이도 ★ ★ ★

[23-24] 어법상 틀린 문장을 <u>두 개</u> 찾아 기호를 쓰고, 틀린 부분을 바르게 고쳐 문장을 다시 쓰시오.

23 ⓐ Bobby returned home early.
ⓑ The cups on the table are cleanly.
ⓒ Tim arrived late to the bus station.
ⓓ The boys at the playground play active.
ⓔ There is a lot of food in the refrigerator.

(   ) _____
(   ) _____

24 ⓐ Tim added many sugars to his coffee.
ⓑ We usually exercise in the morning.
ⓒ We know hardly each other.
ⓓ We ordered three glasses of orange juice.
ⓔ Steve's sister is friendly to everyone.

(   ) _____
(   ) _____

CHAPTER

07

비교

원급

Chris is as tall as David.
Chris는 David만큼 키가 크다.

He cooks as skillfully as a chef.
그는 요리사만큼 능숙하게 요리한다.

1 원급 비교 「as+형용사/부사+as ...」로 표현하며, 비교하는 두 대상이 동일함을 나타낸다.

긍정문	「as+형용사/부사의 원급+as ...」	~만큼[처럼] ...한[하게]
부정문	「not as[so]+형용사/부사의 원급+as ...」	~만큼[처럼] ...하지 않은[않게]

Andy is as handsome as his brother. Andy는 그의 형만큼이나 잘 생겼다.

Andy is not as diligent as his brother. Andy는 그의 형만큼 부지런하지 않다.

 1 「as+ ~ +as ...」 구문에서 원급의 품사는 문장 내의 역할에 따라 알맞게 써야 한다.

The cake is as sweetly as candy. (×)

→ The cake is as sweet as candy. (○) 그 케이크는 사탕만큼 달콤하다.

2 비교 문장에서는 비교의 대상이 같아야 함에 주의하자!

Your book is as interesting as me. (×)

→ *Your book* is as interesting as mine. (○) 너의 책은 내 책만큼 흥미롭다.

2 「as+원급+as+possible」 '가능한 ~한[하게]'의 의미이다.

I drive as carefully as possible. 나는 가능한 조심스럽게 운전한다.

 「as+원급+as+possible」은 「as+원급+as+주어+can」으로 바꿔 쓸 수 있는데, 이때 동사의 시제에 주의하자!

I finished my homework as quickly as possible. 나는 가능한 빨리 숙제를 끝냈다.

= I finished my homework as quickly as I could.

● 바로 적용하기

 우리말과 일치하도록 빈칸에 들어갈 알맞은 말을 쓰시오. (빈칸마다 〈보기〉의 단어를 하나씩 사용할 것)

보기	well	important	salty	heavy	quickly	interesting

1 그의 가방은 내 것만큼 무겁다.

→ His bag is _____ mine.

2 Tim은 내 남동생만큼 농구를 잘 한다.

→ Tim plays basketball _____ my brother.

3 그는 바람처럼 빨리 달린다.

→ He runs _____ the wind.

4 이 책은 저 책만큼 흥미롭지는 않다.

→ This book is _____ that one.

5 건강은 부유함만큼이나 중요하다.

→ Health is _____ wealth.

6 이 음식은 바닷물만큼 짜다.

→ This food is _____ seawater.

B 우리말과 일치하도록 ( ) 안의 단어를 바르게 배열하시오.

1 이 방은 놀이터만큼 크다. (room, this, as, is, big, the, playground, as)

→ _____

2 고양이는 개만큼이나 똑똑하다. (dogs, cats, as, are, as, clever)

→ _____

3 그는 가능한 한 창의적으로 시를 쓴다. (possible, as, makes, creatively, he, poems, as)

→ _____

4 너는 영어를 수학만큼 열심히 공부해야 한다. (as, hard, must, you, as, math, study, English)

→ _____

5 너의 친구는 형제만큼 너에게 도움이 된다. (friends, brothers, your, helpful, as, are, as)

→ _____

6 그는 가능한 깔끔하게 그의 방을 청소했다. (neatly, as, he, his room, as, could, cleaned, he)

→ _____

7 그 영화는 내가 예상한 만큼 흥미진진하지 않았다. (not, expected, the movie, as, exciting, I, was, as)

→ _____

8 나는 가능한 빨리 그에게 답장했다. (to, soon, could, I, him, as, replied, as, I)

→ _____

9 이번 시험은 저번 시험만큼 어렵지 않았다. (so, was, one, this, as, not, last, exam, the, difficult)

→ _____

10 나는 우리 아빠만큼 키가 크다. (tall, I'm, as, my, as, father)

→ _____

Point 24 비교급

Sam can run faster than his brother. Sam은 그의 형보다 빨리 달릴 수 있다.
....
Math is more difficult than science. 수학은 과학보다 더 어렵다.

1 **비교급** 둘 이상의 대상을 비교할 때 쓴다. 「-er+than ....」 혹은 「more+원급+than ....」 형태이며, '~보다 더 ...한[하게]'의 의미이다.

○ 비교급 형태

대부분의 경우	+-er	fast – fast**er** small – small**er**	+ than
-e로 끝나는 경우	-r	simple – simple**r**	
「단모음+단자음」으로 끝나는 경우	자음을 한 번 더 쓰고 +-er	thin – thin**ner** big – big**ger**	
-y로 끝나는 경우	y → i+-er	happy – happ**ier** heavy – heav**ier**	
2, 3음절 이상인 경우	more+원급	peaceful – **more** peaceful interesting – **more** interesting difficult – **more** difficult	
불규칙 변화		good/well – **better** bad/ill – **worse** little – **less** many/much – **more**	

> **⊕ Tip** 비교급을 강조하여 '훨씬'이라는 의미를 나타낼 때는 much, even, far 등의 부사를 사용한다.
> Traveling by plane is much quicker than by train.
> 비행기로 여행하는 것은 기차로 여행하는 것보다 훨씬 더 빠르다.

● 바로 적용하기

 우리말과 일치하도록 ( ) 안의 단어를 활용하여 비교급 문장을 완성하시오.

1 형의 방은 내 방보다 더 크다. (large)

 → My brother's room is _____ my room.

2 돈보다 경험이 더 중요하다. (important)

 → Experience is _____ money.

3 나는 어제보다 더 건강하다. (healthy)

 → I am _____ I was yesterday.

4 오늘의 날씨는 어제의 날씨보다 더 춥다. (cold)

 → Today's weather is _____ yesterday's.

5 제주도는 서울보다 더 숲이 많다. (many)

→ Jeju Island has _____ forests than Seoul.

6 그는 그 무대에 누구보다도 더 가까이 서 있었다. (close)

→ He stood _____ anyone else to the stage.

7 자동차가 비행기보다 더 위험하다. (dangerous)

→ Cars are _____ airplanes.

8 그녀의 요리 실력은 나보다 더 낫다. (good)

→ Her cooking skills are _____ mine.

9 이 셔츠는 저것보다 색채가 더 풍부하다. (colorful)

→ This shirt is _____ that one.

10 그녀의 노트북 컴퓨터는 내 것보다 훨씬 더 얇다. (thin)

→ Her laptop is _____ mine.

B 우리말과 일치하도록 ( ) 안의 단어를 바르게 배열하시오.

1 그의 눈은 호수보다 더 맑다. (eyes, the, are, clearer, his, lake, than)

→ _____

2 인간은 동물들보다 더 깊게 사고할 수 있다. (can, more, humans, animals, deeply, think, than)

→ _____

3 다이아몬드는 금보다 훨씬 더 밝게 반짝인다. (brightly, shine, much, diamonds, than, more, gold)

→ _____

4 운동이 공부보다 더 중요하다. (more, studying, exercising, important, than, is)

→ _____

5 고양이를 키우는 것은 개를 키우는 것보다 쉽다. (cat, raising, a, is, a, raising, easier, than, dog)

→ _____

6 Betty는 그녀의 언니보다 더 인기가 있다. (than, her, is, popular, Betty, more, sister)

→ _____

Point 25

최상급

> **Amy is the smartest student in our class.** Amy는 우리 반에서 가장 똑똑한 학생이다.
>
> **David is the laziest kid of the three.** David는 셋 중에서 가장 게으른 아이이다.

1 **최상급** 셋 이상의 대상을 비교할 때 쓴다. 형용사나 부사의 원급에 '-est'나 'most'를 붙여 표현하며, '가장 ~한[하게]'의 의미를 갖는다.

○ 최상급 형태

대부분의 경우	+-est	fast – faster – fast**est**	sharp – sharper – sharp**est**
-e로 끝나는 경우	-st	simple – simpler – simple**st**	large – larger – large**st**
「단모음+단자음」으로 끝나는 경우	자음을 한 번 더 쓰고 +-est	thin – thinner – thin**nest**	fat – fatter – fat**test**
-y로 끝나는 경우	y → i+-est	happy – happier – happ**iest**	pretty – prettier – prett**iest**
2, 3음절 이상인 경우	most+원급	peaceful – more peaceful – **most** peaceful interesting – more interesting – **most** interesting difficult – more difficult – **most** difficult	
불규칙 변화		good/well – better – **best** little – less – **least**	bad/ill – worse – **worst** many/much – more – **most**

2 **최상급이 포함된 문장의 기본 구조** 주어+동사+the 최상급 ┌ in+집단(단수명사)
└ of+구성원(복수명사)

Emily is the kindest girl ┌ in my class. Emily는 우리 학급에서 가장 친절한 소녀이다.
└ of my friends. Emily는 내 친구들 중에서 가장 친절한 소녀이다.

● **바로 적용하기**

 우리말과 일치하도록 ( ) 안의 단어를 활용하여 최상급 문장을 완성하시오.

1 그 소년은 우리 학교에서 가장 말랐다. (thin)

→ The boy is _____ in our school.

2 나는 지금 가장 행복한 사람이다. (happy)

→ I'm _____ person now.

3 이것이 나의 최선의 선택이었다. (good)

→ This was _____ choice for me.

4 시험 중 수학이 가장 어려웠다. (difficult)

→ The math was _____ on the test.

5 그 음악이 아이들 사이에서 가장 인기가 있니? (popular)

→ Is that music _____ among children?

6 이 그림은 그의 작품 중 최악이다. (bad)

→ This painting is _____ among his works.

7 남극은 지구상에서 가장 추운 대륙이다. (cold)

→ Antarctica is _____ continent on Earth.

8 이것은 세상에서 가장 아름다운 건물이다. (beautiful)

→ This is _____ building in the world.

9 나에게 여름은 한 해 중 가장 바쁜 시기이다. (busy)

→ For me, the summer is _____ time of the year.

10 내 책장에서 가장 두꺼운 책은 사전이다. (thick)

→ _____ book on my shelf is a dictionary.

B **우리말과 일치하도록 ( ) 안의 단어를 바르게 배열하시오. (필요시 단어를 변형할 것)**

1 그들은 우리 팀에서 가장 강력한 선수들이다. (on, strong, our, are, players, team, they, the)

→ _____

2 이 노트북은 이 상점에서 가장 비싸다. (store, most, the, this, expensive, notebook, the, in, is)

→ _____

3 내 고양이가 이 세 마리들 중 가장 뚱뚱하다. (cat, the, three, of, my, the, is, fat)

→ _____

4 그는 한국에서 최고의 가수이다. (good, is, Korea, the, singer, he, in)

→ _____

5 Jane은 학급에서 가장 시끄러운 소녀이다. (classroom, Jane, the, is, noise, in, the, girl)

→ _____

6 Jacob의 어머니는 그의 가족 구성원들 중 아침에 가장 일찍 일어난다.

(early, Jacob's mother, family members, up, in, his, gets, the morning, of)

→ _____

난이도 ★ ★ ★

[01-03] 우리말과 일치하도록 ( ) 안의 단어를 활용하여 문장을 완성하시오.

01 기차는 자가용만큼이나 편리하다. (convenient)

→ Trains are _____

cars.

02 이 영화는 원작 소설만큼 재미있지 않다. (interesting)

→ This movie is _____

its original book.

03 Debby는 세 자매들 중에서 가장 키가 작다. (short)

→ Debby is _____ of

the three sisters.

[04-06] 〈보기〉처럼 ( ) 안의 단어를 활용하여 두 문장을 한 문장으로 쓰시오.

> **보기** Danny is 145cm tall. +
> Jenny is also 145cm tall. (tall)
> = Danny is _as_ _tall_ _as_ Jenny.

04 Amy ate 3 cookies. +
Nancy ate 5 cookies. (few)
= Amy ate _____ cookies
_____ Nancy.

05 My shoes are 50,000 won. +
Your jacket is 50,000 won, too. (expensive)
= My shoes are _____
_____ _____ your
jacket.

06 Tim got up at 7:30.
+ His brother got up at 8:30. (early)
= Tim got up _____ _____
his brother.

07 빈칸에 들어갈 알맞은 말을 heavy를 활용하여 쓰시오.

John is (1) _____ than Jacob, but
he is not the (2) _____ of my friends.
No one is so (3) _____ as Bob.

[08-10] 밑줄 친 부분을 어법상 바르게 고쳐 문장을 다시 쓰시오.

08 I feel more happy than yesterday.

→ _____

09 The shark has the sharper teeth of all animals.

→ _____

10 The animal in the cage is the dangerousest in
the zoo.

→ _____

함정유형

11 다음 두 문장이 같은 뜻이 되도록 빈칸에 들어갈 알맞은 말을 쓰시오.

He resolved the issue as peacefully as
possible.
= He resolved the issue _____
_____ _____
_____ _____.

난이도 ★★★

12 Happy Theater에서 공연 중인 연극에 관한 표이다. 표의 내용에 맞게 ( ) 안의 단어를 활용하여 빈칸에 들어갈 알맞은 말을 쓰시오.

	연극 X	연극 Y	연극 Z
공연시간	105분	130분	125분
하루 평균 관객 수	200명	500명	300명
평점	★★☆☆☆	★★★★☆	★★★☆☆

(1) Play Z is _____ play X. (long)

(2) Play Y has _____ audience of the three. (big)

(3) Play Z has a _____ review _____ play X. (good)

13 어법상 틀린 부분을 <u>모두</u> 찾아 기호를 쓰고, 틀린 부분을 바르게 고쳐 쓰시오.

The Olympics start from tomorrow. The ⓐ <u>most fast</u> athletes will win medals. Our athletes are as ⓑ <u>excellently</u> as other athletes. They will do their best ⓒ <u>as much as possible</u>. I hope they will win ⓓ <u>many</u> medals than in the last Olympics.

( ) _____ → _____
( ) _____ → _____
( ) _____ → _____
( ) _____ → _____

14 다음 문장의 빈칸에 들어갈 수 있는 단어를 <보기>에서 모두 고르시오.

보기	worse	famous	thicker
	interesting	difficult	

This book is much more _____ than that one.

_____

[15-16] 어법상 틀린 부분을 찾아 바르게 고치시오.

15 The math test was very easier than the English test.

_____ → _____

16 Her bike is as old as me.

_____ → _____

⭐ **신유형**

17 그림을 보고 ( ) 안의 단어를 활용하여 문장을 완성하시오.

(1) Toy C is _____ _____ of the three. (cheap)

(2) Toy B is _____ _____ _____ Toy C, but its price is _____ _____ that of the other two toys. (small, high)

18 대화를 읽고, 밑줄 친 ⓐ와 ⓑ를 <조건>에 맞게 영어로 쓰시오.

> Luke: It's snowing a lot. Let's go out and build a snowman.
>
> Sora: Sounds fun!
>
> Luke: ⓐ 어제보다 날씨가 추워, so you have to dress warmly.
>
> Sora: Ok, let's wear gloves, too. ⓑ 가장 큰 장갑이 네 거지?
>
> Luke: Yes, that's right!
>
> Sora: Here they are.
>
> Luke: Thank you.

> 조건   ⓐ 날씨를 나타내는 비인칭주어 It과 비교급을 사용하여 4단어로 쓰시오.
>
> ⓑ 최상급과 소유대명사, 형용사 big을 사용하여 5단어로 쓰시오.

(1) ⓐ _____

(2) ⓑ _____

난이도 ★ ★ ★

[19-20] 밑줄 친 부분이 어법상 틀린 것을 두 개 찾아 기호를 쓰고, 틀린 부분을 바르게 고쳐 문장을 다시 쓰시오.

19
ⓐ He is as tall as his sister.

ⓑ I studied as hard as I can for the exam.

ⓒ I have as much money as Eric.

ⓓ She is the most famous singer in my country.

ⓔ My dog barked as fierce as a wolf.

(   ) _____

(   ) _____

20
ⓐ My car is as expensive as her.

ⓑ This ice cream is not so sweet as that one.

ⓒ July is the most hot month of the year.

ⓓ She is even smarter than me.

ⓔ Monaco is the smallest city in the world.

(   ) _____

(   ) _____

21 우리말과 일치하도록 빈칸에 들어갈 알맞은 말을 쓰시오.

> 우리 집에는 컴퓨터가 세 대가 있다. 가장 좋은 컴퓨터는 아버지의 것이다. 나의 컴퓨터가 가장 느린데, 가장 오래되었기 때문이다. 나머지 하나는 나의 것보다 더 빠르다.
>
> → There are three computers in my house. The best computer is my father's. My computer is (1) _____ because it is (2) _____. The other one is (3) _____ mine.

(1) _____

(2) _____

(3) _____

CHAPTER 08

문장의 형식

자동사

Jacob goes to church every Sunday. Jacob은 일요일마다 교회에 간다.

He looks happy every Sunday. 그는 일요일마다 행복해 보인다.

1 **보어가 필요 없는 자동사(1형식)** 주로 동작과 관련되어 있으며, 「주어+동사」만으로 완전한 의미를 나타낼 수 있다.

| go come arrive walk run lie sit fly rise live smile cry 등 | 뒤에 동사를 수식하는 수식어(부사구, 전치사구)가 나올 수 있다. |

2 **보어가 필요한 자동사(2형식)** 동사 뒤에서 주어의 의미를 보충한다.

동사	보어	예문
be, become	명사, 형용사	Jacob *is* a writer. He *became* popular. Jacob은 작가이다. 그는 유명해졌다.
get, turn		Amy *got* angry. Her face *turned* red. Amy는 화가 났다. 그녀의 얼굴이 붉어졌다.
look, sound, feel, smell, taste 등 (감각동사)	형용사	These cookies *smell* good. They *taste* like real chocolate. 이 쿠키들은 좋은 냄새가 난다. 그것들은 진짜 초콜릿 같은 맛이 난다. ★

> 감각동사 뒤에 명사 보어가 올 때는 뒤에 like(~같은[처럼])를 쓴다.

 주의) look, get, turn이 보어가 필요 없는 자동사로 쓰일 때는 뒤에 수식어가 올 수 있다.
Mary turned [quick / quickly] and ran. Mary는 빠르게 돌아서 달렸다.

● 바로 적용하기

A 우리말과 일치하도록 ( ) 안의 단어를 사용하여 문장을 완성하시오.

1 나는 지금 피곤하다. (feel, tired)

→ I _____ now.

2 그는 항상 식사 후에 곧바로 침대에 눕는다. (lie, on, bed)

→ He always _____ right after meals.

3 Marie Curie는 훌륭한 과학자가 되었다. (become, great)

→ Marie Curie _____.

4 그녀는 프랑스에 산다. (live, in)

→ She _____.

5 이 케이크는 장미꽃처럼 보인다. (look, a rose)

→ This cake _____ .

6 그는 바닥 위에 앉았다. (sit, on, floor)

→ He _____ .

7 그 커피는 약간 신맛이 난다. (taste, a little bit, sour)

→ The coffee _____ .

8 태양은 동쪽에서 뜬다. (rise, in, the east)

→ The sun _____ .

B 우리말과 일치하도록 각 상자에서 하나씩 알맞은 단어를 골라 문장을 완성하시오.
(중복 사용 가능 / 필요시 형태 변형)

cry look smile sound turn walk	bright good sad familiar slow well

1 이 노래는 나에게 익숙하게 들린다.

→ This song _____ _____ to me.

2 그녀는 슬프게 울었다.

→ She _____ _____ .

3 Sophia는 무대 위에서 천천히 돌았다.

→ Sophia _____ _____ on the stage.

4 그녀의 얼굴은 밝아졌다.

→ Her face _____ _____ .

5 그녀는 청중에게 밝게 미소지었다.

→ She _____ _____ at the audience.

6 Chris는 그 사고 후 잘 걷지 못했다.

→ Chris didn't _____ _____ after the accident.

7 그의 생각은 좋게 들렸다.

→ His idea _____ _____ .

8 그는 정말 슬퍼 보였다.

→ He really _____ _____ .

간접목적어와 직접목적어

Irene gave him a present.
Irene은 그에게 선물을 주었다.

She gave some cookies to him.
그녀는 그에게 몇 개의 쿠키를 주었다.

---

1 **수여동사＋간접목적어＋직접목적어(4형식)** 목적어가 두 개인 동사를 수여동사라고 하며 'A(간접목적어)에게 B(직접목적어)를 ～(해)주다'라는 뜻으로 해석한다.

> buy bring get give lend make send show teach tell 등

I <u>sent</u> <u>him</u> <u>a parcel</u>. 〈동사＋간접목적어＋직접목적어〉 나는 그에게 소포 하나를 보냈다.

She <u>lent</u> <u>me</u> <u>her camera</u>. 〈동사＋간접목적어＋직접목적어〉 그녀는 나에게 그녀의 카메라를 빌려주었다.

2 **수여동사＋직접목적어＋전치사＋간접목적어(3형식)** 간접목적어와 직접목적어의 순서가 바뀌면, 간접목적어 앞에 동사에 따라 전치사 to, for, of를 쓴다.

동사 ＋ 간접목적어 ＋ 직접목적어
동사 ＋ 직접목적어 ＋ (전치사 ＋ 간접목적어)

전치사 to를 쓰는 동사	bring, give, lend, read, send, show, teach, tell 등
전치사 for를 쓰는 동사	buy, get, make, cook 등
전치사 of를 쓰는 동사	ask 등

Peter <u>got</u> <u>me</u> <u>the ticket</u>. Peter는 나에게 그 티켓을 사주었다.
= Peter <u>got</u> <u>the ticket</u> for <u>me</u>.

 주의 간접목적어와 직접목적어가 모두 대명사인 경우, 항상 「직접목적어＋전치사＋간접목적어」 어순으로 써야 한다.
Tom gave <u>it</u> to <u>me</u>. Tom은 그것을 나에게 주었다.

● 바로 적용하기

A 우리말과 일치하도록 ( ) 안의 단어를 바르게 배열하시오.

1 Jane은 나에게 그녀의 비밀을 말해주었다. (her, told, Jane, secret, me)
→ _____

2 Kelly는 며칠 전에 그에게 그것을 주었다. (it, a few, gave, ago, Kelly, him, to, days)
→ _____

3 James는 우리에게 아프리카 역사를 가르쳐주었다. (African, taught, James, history, us)
→ _____

4 Amy는 어머니께 꽃 몇 송이를 드렸다. (some, her, gave, flowers, Amy, mother)
→ _____

5 Chris는 그의 부모님께 매년 크리스마스카드를 보낸다.

(every, a, sends, card, his, Chris, year, parents, Christmas)

→ _____

6 나는 나의 강아지에게 새 집을 만들어 주었다. (a, my, made, house, puppy, I, new)

→ _____

7 Kevin은 그의 친구들에게 햄버거 세트를 사주었다. (his, Kevin, burger sets, bought, friends)

→ _____

8 내 친구가 나에게 돈을 약간 빌려주었다. (money, my, lent, me, some, friend)

→ _____

B 주어진 문장을 〈보기〉와 같이 바꿔 쓰시오.

> 보기 I told him an interesting story.
>
> → _____ I told an interesting story to him._____

1 Laura told us a horrible rumor.

→ _____

2 My friend sent me a letter.

→ _____

3 My teacher asked me a favor.

→ _____

4 Amy got us some snacks.

→ _____

5 James brought his sister a gift.

→ _____

6 Van Gogh made me a nice painting.

→ _____

7 Paul bought his parents a new car.

→ _____

8 Kelly showed a police officer her ID card.

→ _____

Point 28 목적격보어

People call Jacob a genius.
사람들은 Jacob을 천재라고 부른다.

Jacob found the problem easy.
Jacob은 그 문제가 쉽다는 걸 알았다.

---

1 명사를 목적격보어로 취하는 동사 명사 목적격보어는 목적어와 동격의 의미로 목적어를 보충설명해준다.

make (~을 ...로 만들다)	The song made him a famous singer. 그 노래는 그를 유명한 가수로 만들었다.
call (~을 ...라고 부르다)	We call him an angel. 우리는 그를 천사라고 부른다.
name (~을 ...라고 이름짓다)	I named my puppy Hank. 나는 내 강아지를 Hank라고 이름지었다.
elect (~을 ...로 선출하다)	They elected him class president. 그들은 그를 반장으로 선출했다.

 Tip 동사가 같더라도 뒤에 이어지는 명사에 따라 문맥상 해석에 유의해야 한다.

I *made* my son a lawyer. 나는 내 아들을 변호사로 만들었다.

I *made* my son a birthday cake. 나는 내 아들에게 생일케이크를 만들어주었다.

2 형용사를 목적격보어로 취하는 동사 형용사 목적격보어는 목적어의 상태를 보충설명해준다.

make (~을 ...하게 만들다)	The test made me nervous. 그 시험은 나를 긴장하게 만들었다.
keep (~을 ...하게 유지하다)	I keep my room neat. 나는 내 방을 깔끔하게 유지한다.
find (~이 ...하다고 알게 되다/생각하다)	I found the app useful. 나는 이 앱이 유용하다고 생각했다.

 주의 make, keep, find 뒤에 부사가 올 수도 있다. 내용상 목적어를 보충하는지 동사를 수식하는지 구분하자!

I found the key [quick / quickly]. 나는 그 열쇠를 빨리 찾았다.

● **바로 적용하기**

A 우리말과 일치하도록 ( ) 안의 단어를 사용하여 문장을 완성하시오.

1 사람들은 피노키오를 거짓말쟁이라고 부른다. (call, Pinocchio, liar)

→ People _____.

2 그 뉴스는 나를 슬프게 만들었다. (make, sad)

→ The news _____.

3 나는 매일 아침 조깅을 한다. 나는 내 자신을 건강하게 유지한다. (keep, healthy)

→ I jog every morning. I _____.

4 그들은 Brian을 그들의 주장으로 선출했다. (elect, captain)

→ They _____.

5 Bob의 큰 실수가 우리를 화나게 만들었다. (make, angry)

→ Bob's big mistake _____.

6 Crystal은 매일 노래를 연습했다. 그것이 그녀를 가수로 만들었다. (make, singer)

→ Crystal practiced singing every day. It _____.

7 나는 그 인형을 Teddy라고 이름지었다. (name, Teddy)

→ I _____.

8 Sue는 Jenny의 반지가 비싸다는 걸 알게 되었다. (find, ring, expensive)

→ Sue _____.

B 우리말과 일치하도록 ( ) 안의 단어를 바르게 배열하시오.

1 그녀는 그녀의 딸을 공주라고 부른다. (princess, her, she, a, daughter, calls)

→ _____

2 그 발표는 사람들을 긴장하게 만들었다. (made, the, nervous, presentation, people)

→ _____

3 Kevin은 그의 책상을 깨끗하게 유지했다. (his, Kevin, kept, clean, desk)

→ _____

4 Yuri는 그 책이 어렵다는 걸 알았다. (book, Yuri, difficult, found, the)

→ _____

5 우리는 Robin을 새로운 팀 리더로 선출했다. (leader, elected, team, we, new, Robin)

→ _____

6 Betty는 그녀의 고양이를 Ruby라고 이름 지었다. (cat, named, her, Ruby, Betty)

→ _____

7 나는 그의 조언이 매우 도움이 된다고 생각했다. (helpful, his, very, found, I, advice)

→ _____

8 David는 항상 그의 차를 반짝거리게 유지한다. (car, keeps, David, his, always, shiny)

→ _____

난이도 ★ ★ ★

[01-03] 빈칸에 들어갈 알맞은 단어를 〈보기〉에서 골라 문장을 완성하시오.

보기	green	good	warm

01 Harry's idea sounds _____.

02 Gloves keep your hands _____.

03 The traffic light turned _____.

[04-06] 다음 두 문장이 같은 뜻이 되도록 빈칸에 들어갈 알맞은 말을 쓰시오.

04 Joy lent her sister her bicycle.
→ Joy lent her bicycle _____ her sister.

05 David cooked his wife a special dinner.
→ David cooked a special dinner _____ his wife.

06 The reporters asked him many questions.
→ The reporters asked many questions _____ him.

07 ( ) 안에 주어진 단어를 활용하여 대화를 완성하시오.

A: The baseball cap (1) _____ on you. (look, good)
B: Thank you. My mom (2) _____ me for my birthday. (buy, it)

(1) _____ (2) _____

08 그림을 보고 각 상자에서 빈칸에 들어갈 단어를 하나씩 골라 문장을 완성하시오.

sound	smell
taste	feel

sleepy	difficult
great	spicy

(1) John is studying math. He _____ _____.

(2) The soup _____ _____.

[09-10] 어법상 틀린 부분을 찾아 바르게 고치시오.

09 Yesterday, I lost my English book, but I found it easy. It was under the bed.

_____ → _____

10 Minji showed pictures of the Eiffel Tower for her friends.

_____ → _____

[11-12] 우리말과 일치하도록 〈조건〉에 맞게 영어로 쓰시오.

11 그 영화는 나를 행복하게 만들었다.

조건	1. make, the movie를 사용하여 총 5단어로 쓸 것 2. happy와 happily 중 선택하여 쓸 것

→ _____

12 이 꽃은 민트 같은 향기가 난다.

> 조건 1. this flower, smell, a mint를 사용하여 쓸 것
>   2. 단어를 하나 추가하여 총 6단어로 쓸 것

→ _____

난이도 ★ ★ ★

함정유형

[13-16] 빈칸에 들어갈 알맞은 단어를 〈보기〉에서 골라 쓰시오.

> 보기 easy   easily   hard   hardly
>   quick   quickly

13 The puzzle looked _____ to me.
I could not solve it.

14 Mattew heard a strange sound. He looked
_____ out the window.

15 We found the English test _____.
We finished the test early.

16 He found the answer _____ by
searching online.

17 밑줄 친 부분을 ( ) 안의 말로 바꿔 문장을 다시 쓰시오.

(1) The insect looks strange. (a leaf)

→ _____

(2) My uncle gave a wristwatch to me. (bought)

→ _____

[18-20] 우리말과 일치하도록 〈조건〉에 맞게 영작하시오.

18 이 사탕은 신 맛이 난다.

> 조건 sour를 포함하는 4단어의 문장으로 쓸 것

→ _____

19 Joseph는 항상 우리에게 웃긴 이야기들을 해준다.

> 조건 tell, funny를 포함하는 6단어의 문장으로 쓸 것

→ _____

20 Susan의 새로운 일이 그녀를 바쁘게 만들었다.

> 조건 job을 포함하는 6단어의 문장으로 쓸 것

→ _____

[21-22] 〈보기〉에서 필요한 단어만 골라 바르게 배열하여 문장을 완성하시오.

21

보기	to	sent	for	of	an email

→ Irene _____ me.

22

보기	of	to	for
	an ice cream		bought

→ I _____ my little
brother.

[23-24] 어법상 틀린 문장을 세 개 찾아 기호를 쓰고, 틀린 부분을 바르게 고쳐 쓰시오.

23
ⓐ Sara smiled happy at her children.
ⓑ The weather seems nicely today.
ⓒ Tom turned slowly to the left.
ⓓ Somi gave some food for her cat.
ⓔ The cold weather made Jack sick.

(   ) _____ → _____

(   ) _____ → _____

(   ) _____ → _____

24
ⓐ Danny brought the book for me.
ⓑ This cheese smells strong.
ⓒ I walked fast on the street.
ⓓ Jane gave me it.
ⓔ He kept his promise firm.

(   ) _____ → _____

(   ) _____ → _____

(   ) _____ → _____

25 대화를 읽고, 대화의 빈칸에 들어갈 알맞은 단어를 〈보기〉에서 골라 쓰시오. (필요시 형태를 변형할 것)

A: Do you know the story of George Washington?
B: No, I don't.
A: There was a cherry tree in his garden. His father liked it very much. But young George cut it down.
B: Wow, what a big mistake!
A: Yes. His father got (1) _____ and (2) _____ young George, "Did you cut down the tree?"
B: Did George (3) _____ to his father?
A: No. He told the truth (4) _____ his father, so his father forgave him.
B: That's an interesting story!

보기	angry	to	ask	lie

(1) _____   (2) _____

(3) _____   (4) _____

CHAPTER 09

다양한 종류의 문장

what, which, who 의문문

What is this? : **Which do you like, tea or coffee?**
이것은 무엇인가요? : 차와 커피 중 어느 것이 좋으세요?

1 의문사가 있는 의문문의 어순

be동사가 쓰인 경우	의문사+be동사+주어 ～?	일반동사가 쓰인 경우	의문사+do[does/did]+주어+동사원형 ～?
의문사가 주어인 경우	의문사+동사 ～?		

2 what, which what은 정해진 범위 없이 물을 때 쓰이고, which는 정해진 범위 안에서 선택을 물을 때 쓰인다.

what (무슨, 무엇)	What is your name? 네 이름이 뭐니?
which (어느[어떤], 어느[어떤] 것)	Which do you prefer, red or blue? 너는 빨강과 파랑 중 어떤 걸 선호하니?

 Tip what, which 뒤에 명사가 올 수 있다.
Which flower do you like, roses or lilies? 너는 장미와 백합 중 어떤 꽃을 좋아하니?

3 who 사람에 대해 물을 때 쓰인다.

who (누구, 누가)	Who is that cute girl? 저 귀여운 소녀는 누구니?
whose (누구의)	Whose bag is this? 이것은 누구의 가방이니? ★
whom (누구를)	Whom did you invite? 너는 누구를 초대했니?

일상 회화에서는 whom 대신 who가
자주 쓰인다.

 주의 일반동사가 쓰인 문장에서 의문사가 주어 역할을 할 때는 단수 취급한다.
Who wants the last slice of pizza? 마지막 피자 누가 먹을래?

● **바로 적용하기**

A 우리말과 일치하도록 ( ) 안의 단어를 바르게 배열하시오. (what, which, who 중 하나를 추가해서 쓸 것)

1 누가 이 책을 썼니? (this, book, wrote)

→ _____

2 지난밤에 너는 어떤 영화를 봤니? (did, last, you, movie, watch, night)

→ _____

3 그 영화의 감독은 누구니? (director, is, the, the, of, movie)

→ _____

4 어느 강이 세상에서 가장 길까? (world, the, the, longest, in, river, is)

→ _____

5 네가 가장 좋아하는 색은 뭐야? (your, color, is, favorite)

→ _____

6 작년에 어느 팀이 우승을 했니? (the, year, won, team, last, championship)

→ _____

7 너 지금 뭐하고 있니? (doing, are, now, you)

→ _____

8 네 어려운 숙제는 누가 도와주니? (homework, your, you, helps, with, difficult)

→ _____

B **어법상 틀린 부분을 찾아 바르게 고치시오.**

1 Who take care of the babies on weekends?

_____ → _____

2 What kind of music are you like?

_____ → _____

3 Which season come after winter?

_____ → _____

4 What kind of food do rabbits eats?

_____ → _____

5 What is the bigger planet, Earth or Mars?

_____ → _____

6 What are the name of the fairy in "Peter Pan"?

_____ → _____

7 Which food do he like most?

_____ → _____

8 Who idea was that?

_____ → _____

when, where, why, how 의문문

When will you come home?
너는 언제 집에 올 거니?

Why did you lie to me?
넌 왜 나에게 거짓말을 했니?

1 **when, where, why** when은 시간이나 때, where는 장소, why는 이유에 관해 물을 때 쓴다.

when (언제)	When did he go to bed? 그는 언제 잠자리에 들었니?
where (어디서, 어디에)	Where is my eraser? 내 지우개가 어디 있지?
why (왜)	Why is Jennifer crying? Jennifer는 왜 울고 있니?

2 **how** 방법이나 상태, 또는 정도에 관해 물을 때 쓴다.

how (어떤, 어떻게)	How is the weather outside? 바깥에 날씨가 어떠니?
how +형용사/부사 (얼마나 ~한/하게)	How tall is the Eiffel Tower? 에펠탑은 얼마나 높니?

● **바로 적용하기**

 우리말과 일치하도록 ( ) 안의 단어를 바르게 배열하시오. (when, where, why, how 중 하나를 추가해서 쓸 것)

1 새들은 언제 남쪽으로 날아가니? (do, the, fly, south, birds)

→ _____

2 고래는 바다 안 어디에서 살까? (in, live, do, the, whales, ocean)

→ _____

3 우리는 왜 수학을 배워야 하나요? (math, do, have, we, learn, to)

→ _____

4 너는 왜 저녁식사를 건너뛰었니? (dinner, did, skip, you, your)

→ _____

5 너는 언제 숙제를 끝낼 거니? (your, you, will, finish, homework)

→ _____

6 학교 첫날은 어땠니? (your, day, was, at school, first)

→ _____

7 비가 온 후 무지개는 어디에 나타날까? (after, appear, rainbows, the, do, rain)

→ _____

8 여름에는 날씨가 얼마나 덥니? (is, summer, weather, hot, in, the)

→ _____

B **우리말과 일치하도록 ( ) 안의 단어를 사용하여 문장을 완성하시오.**

1 우리 언제 점심을 먹을까? (have, lunch)

→ _____

2 고양이는 낮 동안에 얼마나 오래 자니? (long, cats, during the day)

→ _____

3 그는 왜 매일 늦게 올까? (come late)

→ _____

4 그 상자는 얼마나 무겁니? (heavy, that box)

→ _____

5 네 차 열쇠를 어디에 뒀니? (put, car key)

→ _____

6 그 콘서트는 언제 시작하나요? (start)

→ _____

7 제가 어디에서 도넛을 살 수 있을까요? (buy, some donuts)

→ _____

8 너의 경주로의 여행은 어땠어? (trip, Kyung-ju)

→ _____

9 너는 왜 너의 마음을 바꿨니? (change, mind)

→ _____

10 너는 얼마나 자주 온라인 게임을 하니? (often, play, online games)

→ _____

명령문, 제안문

Bring me the pie.
나에게 파이를 가져다 줘.

Let's watch this movie.
이 영화를 보자.

---

1 **명령문** '~ 해라'의 의미를 지니는 문장으로, 주어를 생략하고 동사원형으로 시작한다.

긍정문	동사원형 ~ (~해라)	Study hard at school. 학교에서 열심히 공부해라.
부정문	Don't[Never]+동사원형 ~ (~ 하지 마라)	Don't stay up until too late. 너무 늦게까지 깨어있지 말아라.

🛡 Tip 「명령문+and」: '~해라, 그러면 ...할 것이다' / 「명령문+or」: '~해라, 그렇지 않으면 ...할 것이다'

Eat healthy food, and you will be healthy. 건강한 음식을 먹어라, 그러면 너는 건강해질 것이다.

= If you eat healthy food, you will be healthy.

Go to bed now, or you will be tired tomorrow. 지금 잠자리에 들어라, 그렇지 않으면 너는 내일 피곤할 것이다.

= If you don't go to bed now, you will be tired tomorrow.

2 **제안문** '~ 하자'의 의미로, 「Let's+동사원형」 형태이다.

긍정문	Let's (~하자)	Let's go for a walk. 산책하러 가자.
부정문	Let's not (~ 하지 말자)	Let's not stay at home. 집에 있지 말자.

🛡 Tip 제안하는 표현으로 'Let's ...'대신 「Why don't we+동사원형」, 「How about+-ing」도 쓸 수 있다.

Let's eat pizza for dinner.

= Why don't we eat pizza for dinner?

= How about eating pizza for dinner? 저녁으로 피자를 먹자.

● **바로 적용하기**

 우리말과 일치하도록 ( ) 안의 단어를 사용하여 문장을 완성하시오.

1 저녁 먹기 전에 네 방을 치워라. (clean)

➡ _____ your room before dinner.

2 손을 씻어라, 그러면 저녁을 먹을 수 있어. (wash)

➡ _____ your hands, _____ you can have dinner.

3 이 호수에서는 수영하지 마라. (swim)

➡ _____ _____ in this lake.

4 나가서 과일을 좀 사오자. (go)

➡ _____ _____ outside and buy some fruits.

5 공공장소에서는 떠들지 말자. (make)

→ _____ _____ _____ noise in public places.

6 절대 겁내지 마. (be)

→ _____ _____ afraid.

7 숙제를 끝내라, 그렇지 않으면 TV를 볼 수 없어. (finish)

→ _____ your homework, _____ you can't watch TV.

8 책을 치우고 잠자리에 들 준비를 해라. (put, get)

→ _____ away your books and _____ ready for bed.

B 우리말과 일치하도록 ( ) 안의 단어를 바르게 배열하시오.

1 도서관에서는 조용히 해라. (the, quiet, be, library, in)

→ _____

2 시험을 위해 함께 공부하는 게 어때? (studying, how, exam, about, for, together, the)

→ _____

3 너의 소중한 시간을 낭비하지 마라. (waste, time, your, don't, precious)

→ _____

4 친구들과 공통 관심사를 나누어라. (interests, friends, share, with, common, your)

→ _____

5 웃어라, 그러면 너는 행복할 것이다. (if, smile, you, happy, will, you, be)

→ _____

6 따뜻한 코트를 챙겨서 가자. (take, warm, the, coat, let's)

→ _____

7 너무 늦게까지 밖에서 놀지 말자. (not, too, outside, let's, until, play, late)

→ _____

8 지금 떠나라, 그렇지 않으면 기차를 놓칠 것이다. (now, if, leave, you, the, miss, you, don't, train, will)

→ _____

감탄문, 부가의문문

Point 32

What a beautiful house it is!
정말 멋진 집이구나!

You like pizza, don't you?
너는 피자를 좋아해, 그렇지 않니?

1 **감탄문** '정말 ~하구나!'의 의미로 놀라움, 기쁨 등의 감정을 표현하는 문장이다. What 혹은 How로 시작하며 느낌표로 끝난다. 감탄문 뒤에 오는 「주어+동사」는 생략되는 경우가 많다.

| What | +(a[an])+형용사+명사+ (주어+동사)! | What a beautiful day (it is)! 정말 좋은 날씨구나! |
| How | +형용사/부사+ (주어+동사)! | How strong (he is)! 그는 정말 힘이 세구나! |

 Tip what으로 시작하는 감탄문에서 복수명사와 셀 수 없는 명사 앞에는 관사 a[an]을 붙이지 않는다.
What funny pictures **they are!** 이것들은 정말 재미있는 사진들이구나!

2 **부가의문문** 상대방의 확인 및 동의를 구하기 위해 문장 끝에 덧붙이는 의문문이다.

형태	앞이 긍정문이면 → 뒤는 부정형(동사+not의 축약형) / 앞이 부정문이면 → 뒤는 긍정형
동사	be동사, 조동사 → 그대로 사용 / 일반동사 → do[does/did]
주어	인칭대명사로 바꾸기

Chris is a doctor, isn't he? Chris는 의사야, 그렇지 않니?
Jennifer doesn't enjoy reading books, does she? Jennifer는 독서를 즐기지 않아, 그렇지?

 주의 명령문의 부가의문문은 무조건 'will you?'이며, 제안문의 부가의문문은 무조건 'shall we?'이다.
Finish your homework now, ~~won't you?~~ (×)
→ Finish your homework now, will you? (○) 지금 숙제를 끝내라, 알겠니?

● 바로 적용하기

A 우리말과 일치하도록 ( ) 안의 단어를 사용하여 문장을 완성하시오. (부정문은 축약형으로 쓸 것)

1 하늘의 무지개가 정말 아름답구나! (beautiful, rainbow)

→ _____ _____ _____ _____
_____ in the sky!

2 Ryan과 Andy는 내일 캠핑을 갈 거야, 그렇지 않니? (go camping)

→ Ryan and Andy _____ _____ _____ tomorrow,
_____ _____ ?

3 정말 웃긴 농담이구나! (funny, joke)

→ _____ _____ _____ _____ _____
_____ !

4 너는 초콜릿을 좋아하지 않아, 그렇지? (like, chocolate)

→ You _____ _____ _____ , _____ _____ ?

5 우리는 오늘 수학 시험이 있어, 그렇지 않니? (have, a math test)

→ We _____ _____ _____ _____ today,

_____ _____ ?

6 그들은 정말 열심히 운동하는 구나! (hard, exercise)

→ _____ _____ _____ _____ !

B 밑줄 친 부분을 어법상 바르게 고쳐 문장을 다시 쓰시오.

1 What <u>interesting a</u> painting!

→ _____

2 How difficult is <u>the math problem</u>!

→ _____

3 What <u>a big</u> trees they are!

→ _____

4 Tony ate my hamburger, <u>did he</u>?

→ _____

5 Wendy didn't go to school today, <u>did Wendy</u>?

→ _____

6 Mr. Brown is your homeroom teacher, <u>doesn't he</u>?

→ _____

7 Roy can speak three languages, <u>isn't he</u>?

→ _____

8 Do your best, <u>don't you</u>?

→ _____

난이도 ★ ★ ★

[01-03] 빈칸에 들어갈 알맞은 의문사를 써서 대화를 완성하시오.

01
A: _____ did you go for your vacation?
B: I went to Hawaii.

02
A: _____ is Emily still in bed?
B: Because she slept too late last night.

03
A: _____ do I go to the museum?
B: You should take bus number 10.

[04-05] 어법상 틀린 부분을 찾아 바르게 고치시오.

04 Who need more time?
(누가 더 시간이 필요한 가요?)

_____ → _____

05 Cathy can play the piano, isn't she?
(Cathy는 피아노를 칠 수 있어, 그렇지 않니?)

_____ → _____

06 빈칸에 공통으로 들어갈 알맞은 의문사를 쓰시오.

- _____ did you have for breakfast?
- _____ book did you read last Saturday?

_____

[07-08] B의 밑줄 친 내용에 대해 묻는 A의 질문을 완성하시오.

07
A: _____ yesterday?
B: I played basketball with Jake and Teddy.

08
A: _____ dinner?
B: I ate dinner at a Chinese restaurant near my office.

[09-10] 우리말과 일치하도록 ( ) 안의 단어를 사용하여 문장을 완성하시오.

09 미리 계획해라, 그렇지 않으면 실패할 것이다. (plan)
→ _____ ahead, _____ you will fail.

10 뜨거운 난로에 손대지 마. (touch)
→ _____ _____ the hot stove.

난이도 ★ ★ ★

11 〈보기〉에서 알맞은 단어를 골라 제안하는 문장을 완성하시오. (필요시 단어를 추가하고 형태를 변형할 것)

보기	go	take	plant

(1) Let's _____ some flowers in the garden.

(2) How _____ _____ to a movie tonight?

(3) Why _____ _____ _____ a break for a few minutes?

12 다음 대화에서 어법상 틀린 부분을 <u>세 군데</u> 찾아 바르게 고치시오.

> Jenny: Why didn't Alan comes?
> David: He caught a cold, so he isn't feeling well.
> Jenny: That's too bad. Then let's taking a look at the exhibition.
> David: Okay. Oh, look at those dinosaurs!
> Jenny: Wow, how they look scary!

(1) _____ → _____

(2) _____ → _____

(3) _____ → _____

[13-14] 대화를 읽고 물음에 답하시오.

> Bob: Hi, Sue. (1) _____ was your vacation?
> Sue: It was great. I went on a trip to Japan with my family.
> Bob: (2) _____ places did you visit?
> Sue: I went to Tokyo Disneyland.
> Bob: ⓐ 거기서 뭘 했니?
> Sue: I rode roller coasters and ate delicious food.
> Bob: Wow, you had a great time there.

13 각 빈칸에 들어갈 알맞은 의문사를 쓰시오.

(1) _____ (2) _____

14 밑줄 친 우리말 ⓐ와 일치하도록 <조건>에 맞게 영어로 쓰시오.

> 조건   1. you, do, there를 사용할 것
>   2. 총 5단어로 쓸 것

→ _____

신유형

15 그림을 보고 <보기>의 단어를 바르게 배열하여 감탄문을 완성하시오.

> 보기   beautiful   cute   scenery
>   the puppies   it   is   are

(1) What _____ _____

_____ _____!

(2) How _____ _____

_____ _____!

[16-17] 괄호 안에 들어갈 알맞은 의문사를 추가한 후, 어법에 맞게 의문문을 완성하시오.

16 (의문사) + many + subjects + you are taking

→ _____ this semester?

17 (의문사) + he uses more often, his phone or his computer.

→ _____, his phone or his computer?

함정유형

[18-19] 우리말과 일치하도록 〈보기〉에서 필요한 단어만 골라 바르게 배열하시오.(〈보기〉의 단어를 변형하지 말 것)

18 비가 오네. 오늘은 실내 수영장에서 수영하는 게 어때?

보기 about   why   we   swim
don't   how   at   indoor   pool
the

→ It's raining. _____
_____ today?

19 우산 잊지 마, 그렇지 않으면 넌 하나 빌려야 할 거야.

보기 forget   forgot   your umbrella
or   and   have to   will
don't   you   borrow one

→ _____
_____

20 우리말과 일치하도록 ( ) 안의 단어를 사용하여 문장을 완성하시오.

이 책들은 흥미로워, 그렇지 않니?
(these books, interesting)

→ _____

21 대화의 빈칸에 공통으로 들어갈 알맞은 말을 쓰시오.

A: Jenny and Gary enjoy jogging,
_____ they?
(Jenny와 Gary는 조깅을 즐겨, 그렇지 않니?)
B: No, they _____.
(응, 그렇지 않아.)

22 〈보기〉에서 알맞은 표현을 골라 의문문을 완성하시오.

보기 how deeply   how often   how hot

(1) _____ is the coffee?

(2) _____ do you visit your grandparents?

(3) _____ do you understand the topic?

난이도 ★★★

[23-24] 밑줄 친 부분이 어법상 틀린 것을 세 개 찾아 기호를 쓰고, 틀린 부분을 바르게 고쳐 문장을 다시 쓰시오.

23 ⓐ How did he build this large house?
ⓑ Why don't we choose the red T-shirt?
ⓒ Jake doesn't like orange juice, is he?
ⓓ Keep trying, or you will realize your dream.
ⓔ Let's stop playing and go home, will you?

( )_____
( )_____
( )_____

24 ⓐ Did who eat all the cookies on the table?
ⓑ Whose phone is ringing that loudly?
ⓒ Let's not taking the camping chair.
ⓓ You're from Canada, aren't you?
ⓔ What colorful a painting it is!

( )_____
( )_____
( )_____

CHAPTER
10

to부정사

명사적 쓰임: 주어, 보어, 목적어

To eat well is important. 잘 먹는 것은 중요하다.

My goal is to lose weight.
나의 목표는 체중을 줄이는 것이다.

I like to eat healthy food.
나는 건강에 좋은 음식을 먹는 것을 좋아한다.

1 to부정사의 명사 역할 「to+동사원형」의 형태로, 문장에서 주어, 보어, 목적어 역할을 할 수 있다.

◎ to부정사가 주어 역할을 할 때는 단수로 취급한다.

To exercise every day *makes* you healthy. 매일 운동하는 것은 너를 건강하게 만든다.

◎ to부정사가 주어 역할을 할 때는 보통 to부정사를 뒤로 보내고 주어 자리에 가주어 It을 쓴다.

To keep a diary every day is difficult.

→ It is difficult to keep a diary every day. 매일 일기를 쓰는 것은 어렵다.

2 「**의문사+to부정사**」 명사로 쓰여 문장에서 주어, 보어, 목적어 역할을 할 수 있다.

「what+to부정사」 무엇을 ~할지	「who(m)+to부정사」 누가[누구를] ~할지	「when+to부정사」 언제 ~할지
「where+to부정사」 어디서 ~할지	「how+to부정사」 어떻게 ~할지	

What to do during this vacation is a problem. 〈주어〉 이번 휴가 동안 무엇을 할지가 문제다.

My concern is how to improve my grades. 〈보어〉 내 관심사는 어떻게 성적을 올리는가이다.

I don't know where to park my car. 〈목적어〉 나는 어디에 주차를 해야 할지 모르겠다.

 바로 적용하기

A 우리말과 일치하도록 ( ) 안의 동사를 사용하여 문장을 완성하시오.

1 정민이의 계획은 자전거 하이킹을 가는 것이다. (go)

→ Jung-min's plan is _____ _____ bicycle hiking.

2 Wendy는 그 순간에 무엇을 해야 할지 몰랐다. (do)

→ Wendy didn't know _____ _____ _____ at that moment.

3 기타를 치는 것은 Henry의 취미이다. (play)

→ _____ _____ the guitar is Henry's hobby.

4 새로운 장소로 여행을 가는 것은 재미 있다. (travel)

→ _____ _____ fun _____ _____ to new places.

5 언제 회의를 시작해야 하는지 알고 계세요? (start)

→ Do you know _____ _____ _____ the meeting?

6 우리는 그곳에 제 시간에 도착하기를 희망한다. (arrive)

→ We hope _____ _____ there on time.

B 어법상 틀린 부분을 찾아 바르게 고쳐 문장을 다시 쓰시오.

1 To do two things at once are difficult.

→ _____

2 This is not easy to overcome fears.

→ _____

3 We couldn't decide what eat for dinner.

→ _____

4 Exercise is good for your health.

→ _____

5 It is important clean your room regularly.

→ _____

C 우리말과 일치하도록 ( ) 안의 단어를 바르게 배열하시오.

1 너는 오늘 축구를 할 계획이니? (you, football, to, today, do, plan, play)

→ _____

2 책을 읽는 것은 영혼을 채우는 것이다. (the, to, books, is, fill, read, to, soul)

→ _____

3 밤에 노래를 부르는 것은 이웃을 방해한다. (night, neighbor, sing, at, your, to, disturbs)

→ _____

4 이 그림을 어디에 걸지가 내 관심사이다. (my, hang, is, where, this, to, concern, picture)

→ _____

5 나는 수영장에 가는 것을 좋아한다. (to, a, I, swimming pool, like, go, to)

→ _____

Point 34 to부정사를 목적어로 취하는 동사

We hope to travel to Spain.
우리는 스페인으로 여행하기를 희망한다.

We decided to go to Barcelona.
우리는 바르셀로나로 가기로 결심했다.

1 to부정사를 목적어로 취하는 동사

agree	choose	decide	expect	fail	hope
need	plan	promise	refuse	want	wish

Tip to부정사의 부정은 「not+to부정사」의 형태로 쓴다.
He promised not to be late again. 그는 다시는 늦지 않겠다고 약속했다.

주의 begin, start, like, love 등의 동사는 to부정사와 동명사를 모두 목적어로 쓸 수 있다.
I like to jog at night.
= **I like jogging at night.** 나는 밤에 조깅하는 것을 좋아한다.

● 바로 적용하기

 우리말과 일치하도록 ( ) 안의 단어를 사용하여 문장을 완성하시오.

1 Robert는 그 가여운 개를 돕는 것에 동의했다. (agree, help)

→ Robert _____ the poor dog.

2 그 팀은 더 연습해야 할 필요가 있다. (need, practice)

→ The team _____ more.

3 누구도 갑자기 아프기를 원하지 않는다. (want, become)

→ Nobody _____ sick suddenly.

4 David는 그의 형의 말을 듣지 않기로 결심했다. (decide, listen)

→ David _____ to his brother.

5 Tom은 내년에 해외로 여행가기를 기대한다. (expect, travel abroad)

→ Tom _____ next year.

6 나는 같은 실수를 하지 않겠다고 약속했다. (promise, make)

→ I _____ the same mistake.

7 나는 그의 결정을 따르기로 선택했다. (choose, follow)

→ I _____ his decision.

120

8 Amy는 시험에 통과하지 못했다. (fail, pass)

→ Amy _____ the exam.

9 나는 그에게 돈 빌려주기를 거부했다. (refuse, lend)

→ I _____ him money.

10 Brad는 드럼 치는 방법을 배우고 싶어 한다. (wish, learn)

→ Brad _____ how to play the drums.

B 우리말과 일치하도록 ( ) 안의 단어를 바르게 배열하시오.

1 내 동생은 당근 먹는 것을 거부했다. (the, refused, carrot, to, eat, brother, my)

→ _____

2 Jason은 모험 이야기를 쓰기 시작했다. (to, story, Jason, the, started, adventure, write)

→ _____

3 너는 그 파티에 참석하는 것을 약속하니? (the, promise, party, do, join, you, to)

→ _____

4 Betty는 가족을 위해 저녁을 요리하는 것을 선택했다. (dinner, to, family, Betty, cook, her, chose, for)

→ _____

5 그는 패스트푸드를 먹는 것을 원하지 않는다. (doesn't, he, fast food, want, eat, to)

→ _____

6 그들은 그 경기에서 우승할 거라고 예상했다. (to, the, they, win, competition, expected)

→ _____

7 Jenny는 새 카메라를 위해 돈을 모을 계획이다. (plans, a, save, for, Jenny, new, to, money, camera)

→ _____

8 우리는 에너지를 절약하는 방법을 배울 필요가 있다. (to, we, how, learn, need, save, to, energy)

→ _____

형용사적 쓰임

We have a lot of work to do.
우리에게는 해야 할 많은 일이 있다.

I found a new book to read.
나는 읽을 새 책을 발견했다.

---

1 **to부정사의 형용사 역할** '～할,' '～하는'의 의미로 명사나 대명사 뒤에서 수식한다.

Tell me *good ways* to memorize English words. 영어단어를 암기하는 좋은 방법을 나에게 알려줘.

➕ Tip 1 -thing, -body, -one으로 끝나는 대명사를 형용사와 to부정사가 함께 수식할 때의 어순은 「-thing/-body/-one+형용사+to부정사」이다.

We need <u>someone clever to help</u> us. 우리는 우리를 도와줄 영리한 누군가가 필요하다.

2 자동사의 to부정사가 명사를 수식하는 경우, to부정사 뒤에 반드시 전치사를 써준다.

write with (～로 쓰다)	write on (～에 쓰다)	live in (～에 살다)
sit on (～에 앉다)	talk to (～에게 말[이야기]하다)	talk with (～와 말[이야기]하다)

Janet needs someone to talk with. 〈talk with someone〉 Janet은 함께 이야기할 사람이 필요하다.

He brought me a chair to sit on. 〈sit on a chair〉 그는 나에게 앉을 의자를 하나 가져다주었다.

● 바로 적용하기

 우리말과 일치하도록 ( ) 안의 단어를 사용하여 문장을 완성하시오.

1 Jack은 우리를 도와줄 누군가를 데려왔다. (someone, help)

→ Jack brought _____ us.

2 Nancy는 오늘 밤 묵을 장소가 필요하다. (place, stay)

→ Nancy needs _____ for tonight.

3 나는 나의 고민을 들어줄 친절한 누군가를 찾았다. (kind, someone, listen to)

→ I looked for _____ my troubles.

4 우리는 마실 물을 가져가야 한다. (some water, drink)

→ We should take _____.

5 나는 함께 놀 친구가 필요하다. (a friend, play)

→ I need _____.

6 농부들은 그 일을 할 힘 센 누군가를 찾았다. (someone, strong, do)

→ The farmers looked for _____ the work.

7 그녀는 도심지에 살 작은 아파트를 원한다. (a small apartment, live)

→ She wants _____ downtown.

8 나는 지금 당장 결정해야 한다. 망설일 시간이 없다. (no time, hesitate)

→ I have to decide right now. I have _____.

9 Chris는 끝내야 할 숙제가 많다. (homework, finish)

→ Chris has a lot of _____.

10 Sue는 쓸 연필을 샀다. (a pencil, write)

→ Sue bought _____.

B 우리말과 일치하도록 ( ) 안의 단어를 바르게 배열하시오.

1 지금은 축구 경기를 볼 시간이다. (soccer, time, watch, it's, game, to, the)

→ _____

2 그는 나에게 시원한 마실 것을 사주었다. (me, drink, cold, bought, he, to, something)

→ _____

3 그 남자는 대화를 나눌 누군가를 기다렸다. (the, waited, talk, someone, man, to, with, for)

→ _____

4 그는 먹을 열매들을 가져왔다. (brought, eat, some, berries, to, he)

→ _____

5 우리가 사용할 뭔가 길고 단단한 것이 필요해. (we, to, hard, something, need, and, use, long)

→ _____

6 Jason은 길을 물을 누군가를 찾았다. (for, to, someone, directions, Jason, ask, looked for)

→ _____

7 뉴욕은 방문하기에 매력적인 도시이다. (an, city, visit, New York, to, attractive, is)

→ _____

8 나는 휴식을 취할 수 있는 정원을 갖고 싶다. (garden, to, a, relax, I, want, in, have, to)

→ _____

부사적 쓰임

I went to the theater to watch **a movie.** 나는 영화를 보기 위해 극장에 갔다.

I was very happy to watch **the movie.** 나는 그 영화를 봐서 매우 행복했다.

---

1 **to부정사의 부사 역할** 부사처럼 문장, 동사, 형용사, 부사를 수식하며, 행위의 목적, 감정의 원인, 결과 등의 의미를 나타낸다.

목적 (~하기 위해서)	Ben bought a pen to write a letter. Ben은 편지를 쓰기 위해 펜을 샀다.
감정의 원인 (~해서)	Katherine was sad to hear the news. Katherine은 그 소식을 들어서 슬펐다.
결과 (...해서 ~하다)	Susan grew up to become a famous singer. Susan은 자라서 유명한 가수가 되었다.
형용사·부사 수식 (~하기에)	This book is quite easy to read. 이 책은 읽기 꽤 쉽다.

 Tip   **1** '~할 만큼 충분히 ...하다'의 의미로 「형용사+enough+to부정사」를 쓴다.
      He is strong enough to lift **the box.** 그는 이 상자를 들만큼 충분히 힘이 세다.
   2 '~하기에는 너무 ...하다'의 의미로 「too+형용사/부사+to부정사」를 쓴다.
      He is too lazy to be **helpful.** 그는 도움이 되기에는 너무 게으르다.

 바로 적용하기

A 다음 문장을 해석하고, to부정사의 의미를 〈보기〉에서 골라 쓰시오.

> **보기**   ⓐ 목적   ⓑ 감정의 원인   ⓒ 형용사·부사 수식   ⓓ 결과

1 Ben raised his hand to say hello.

→ _____ (   )

2 I was nervous to speak in front of many people.

→ _____ (   )

3 Nathan turned off the lights to go to sleep.

→ _____ (   )

4 He grew up to become an artist.

→ _____ (   )

5 Our new teacher is difficult to please.

→ _____ (   )

6 They were glad to finish their project.

→ _____ (   )

B 우리말과 일치하도록 ( ) 안의 단어를 바르게 배열하시오.

1 그 강아지는 주인을 봐서 행복했다. (see, was, puppy, to, happy, his, the, owner)

→ _____

2 이 의자는 앉기엔 너무 작다. (small, chair, on, is, to, this, sit, too)

→ _____

3 그 재킷은 겨울에 입을 만큼 충분히 따뜻하다. (enough, is, wear, the, to, warm, in, jacket, winter)

→ _____

4 그들은 더 일하기에는 너무 지쳤다. (more, too, they, work, were, tired, to)

→ _____

5 Jake는 골을 넣기 위해 공을 세게 찼다. (the, make, a goal, kicked, to, hard, ball, Jake)

→ _____

6 그는 잠에서 깨어 자신이 병원에 있음을 알아챘다. (find, he, to, in, woke up, the, himself, hospital)

→ _____

7 이 수학문제는 풀기에 쉽다. (easy, math, to, this, is, problem, solve)

→ _____

8 이 스프는 혀를 델 정도로 충분히 뜨겁다. (enough, the, hot, my, to, soup, burn, is, tongue)

→ _____

9 그녀는 그 파티에 참석하기에는 너무 바쁘다. (to, she, busy, attend, is, the, too, party)

→ _____

10 Tony는 그의 고향을 떠나게 되어 매우 슬펐다. (leave, very, his, Tony, sad, hometown, was, to)

→ _____

난이도 ★ ★ ★

[01-03] 빈칸에 들어갈 알맞은 말을 〈보기〉에서 골라 to부정사 형태로 쓰시오.

보기　learn　　call　　travel　　lie

01 My brother's hope is _____ to a foreign country.

02 He picked up the phone _____ his parents.

03 It's not right _____ to your friend.

[04-05] 어법상 틀린 부분을 찾아 바르게 고치시오.

04 I decided to not watch Youtube for too long.

_____ → _____

05 To collect figures are my hobby.

_____ → _____

[06-07] 우리말과 일치하도록 빈칸에 들어갈 알맞은 말을 써서 문장을 완성하시오.

06 나의 할아버지는 컴퓨터 사용하는 방법을 배우고 싶어 하신다.
→ My grandfather wants to learn
_____
_____ a computer.

07 그녀는 부모님을 위해 무엇을 사야 할지 몰랐다.
→ She didn't know _____
_____ _____
for her parents.

[08-09] 우리말과 일치하도록 ( ) 안의 단어를 사용하여 문장을 완성하시오.

08 나는 후식을 먹지 않는 것을 택했다. (eat)
→ I chose _____ _____
_____ dessert.

09 Jake는 올림픽 경기를 보기 위해 집에 일찍 왔다. (watch)
→ Jake came home early _____
_____ the Olympic Games.

난이도 ★ ★ ★

[10-12] 다음 두 문장이 같은 뜻이 되도록 빈칸에 들어갈 알맞은 말을 쓰시오.

10 To wake up early on weekends is difficult.
→ _____ is _____
_____ on weekends.

11 My sister is very diligent, so she keeps a diary every day.
→ My sister is diligent _____
_____ a diary every day.

12 My brother is very tired, so he can't help me with my homework.

→ My brother is _____ tired _____ me with my homework.

13 다음 글에서 어법상 틀린 부분을 <u>두 군데</u> 찾아 바르게 고치시오.

> Alice wanted to go on a picnic with Benjamin this Saturday. He is the most popular boy in school. But he promised going to the museum with Yuna. Alice felt quite sad but soon found someone else to go.

(1) _____ → _____

(2) _____ → _____

🔴 함정유형

[14-15] 다음 표를 보고 〈조건〉에 맞게 주어진 물음에 답하시오.

이름	주말에 할 일	기대하는 것
Daisy	go camping in the woods	have a barbecue party

조건 1. 표의 내용과 일치할 것
     2. 대명사로 시작하는 완전한 문장으로 쓸 것

14 A: What does Daisy plan to do on the weekend?

B: _____

15 A: What does Daisy expect to do?

B: _____

[16-17] 각 문장의 밑줄 친 부분을 ( ) 안의 단어로 바꿔 문장을 다시 쓰시오.

16 Tommy <u>disliked</u> eating fruits and vegetables. (promised)

→ _____

17 Juan <u>finished</u> reading the book. (refused)

→ _____

[18-19] 〈보기〉와 같이 주어진 두 문장을 to부정사를 사용하여 한 문장으로 쓰시오.

> 보기 I was angry. I heard the news.
> → <u>I was angry to hear the news.</u>

18 He was happy. He passed the exam.

→ _____

19 Eric turned on the computer. He searched for some information.

→ _____

20 주어진 우리말을 ( ) 안의 단어를 사용하여 각 지시에 맞게 영어로 쓰시오.

> 다른 사람을 돕는 것은 보람 있다. (others, rewarding)

(1) to부정사를 주어로 쓰기

→ _____

(2) it을 주어로 쓰기

→ _____

[21-22] 그림을 보고 각 상자에서 빈칸에 들어갈 단어를 하나씩 골라 문장을 완성하시오. (필요시 단어를 변형할 것)

| cold write | on drink |

21 I'm looking for paper _____.

22 It's too hot. I need something
_____.

난이도 ★ ★ ★
23 각 빈칸에 들어갈 알맞은 표현을 <보기>에서 골라 알맞은 형태로 쓰시오. (중복 사용 가능)

> 보기 see   leave   not to
> be helpful   be late   to

(1) I went to the kitchen _____
to my mom.

(2) We hurried _____ for
school.

(3) Remember _____ the
windows open when you go out.

(4) There are many things _____
in this museum.

[24-25] 대화를 읽고 물음에 답하시오.

Tom: What a cute tumbler! Did you buy it?
Sue: Yes, I bought it a few days ago. I don't
want to use paper cups anymore.
I want to reduce unnecessary waste.
Tom: Wow, that's a good idea!
Sue: There are many ways ⓐ_____
_____.
Tom: Like how?
Sue: You can bring your own shopping bag
when you go to the grocery store. Then
you don't have to use plastic bags.
Tom: That's smart!

24 위 대화 내용과 일치하도록 ( ) 안의 단어를 바르게 배열하시오.

> Sue bought a tumbler _____
> _____.
> (cups, use, to, paper, not)

25 대화의 밑줄 친 ⓐ에 들어갈 알맞은 말을 본문에서 찾아 4단어로 쓰시오.

→ _____

CHAPTER

11

동명사

명사적 쓰임: 주어, 보어, 목적어

Listening to music is enjoyable. 음악을 듣는 것은 즐겁다.

My hobby is listening to music.
내 취미는 음악을 듣는 것이다.

I enjoy listening to music.
나는 음악을 듣는 것을 즐긴다.

1 **명사 역할** 「동사원형+-ing」의 형태로, 동사처럼 목적어를 취할 수 있으며 문장에서 주어, 보어, 목적어로 쓰인다.

주어	Writing a diary every day *is* helpful. 매일 일기를 쓰는 것은 도움이 된다. ★
보어	My goal is exercising regularly. 나의 목표는 규칙적으로 운동하는 것이다.
목적어	Brian *enjoys* cooking. 〈동사의 목적어〉 Brian은 요리하는 것을 즐긴다.
	He is good *at* cooking Korean food. 〈전치사의 목적어〉 그는 한식 요리를 잘 한다.

동명사(구)가 주어자리에 쓰이면 단수 취급한다.

Tip 「동사원형+-ing」가 동사의 현재진행형인지 동명사인지 잘 구분하자!
His concern is eating alone. 〈동명사 보어〉 그의 관심사는 혼자 식사하는 것이다.
He is eating alone. 〈현재진행형 동사〉 그는 혼자 식사하는 중이다.

● **바로 적용하기**

 우리말과 일치하도록 빈칸에 들어갈 알맞은 단어를 〈보기〉에서 골라 동명사 형태로 쓰시오.

보기	worry	fix	have	play	finish

1 시험에 대해 걱정하는 것은 도움이 되지 않는다.

→ _____ about the exam isn't helpful.

2 너의 임무는 숙제를 끝내는 것이다.

→ Your mission is _____ the homework.

3 건강한 음식을 먹는 것이 정신에도 좋다.

→ _____ healthy food is also good for your mind.

4 그는 주말마다 드럼 치는 것을 연습한다.

→ He practices _____ the drum every weekend.

5 그의 직업은 컴퓨터를 고치는 것이다.

→ His job is _____ computers.

B 우리말과 일치하도록 ( ) 안의 단어를 바르게 배열하시오.

1 그의 실수를 용서하는 것은 힘든 결정이었다. (a, forgiving, hard, his, decision, mistake, was)
→ _____

2 그들의 목적은 우리 팀을 방해하는 것이다. (our, is, team, disturbing, their, goal)
→ _____

3 비행기를 조립하는 것은 쉽지 않다. (easy, assembling, is, not, airplane, an)
→ _____

4 그의 과제는 사진을 온라인에 올리는 것이다. (online, is, his, pictures, uploading, task)
→ _____

5 집을 짓는 것은 시간이 오래 걸린다. (a, building, long, a, takes, time, house)
→ _____

C 우리말과 일치하도록 ( ) 안의 표현을 사용하여 문장을 완성하시오.

1 시험 동안 커닝하는 것은 나쁜 행동이다. (cheat, during an exam, behavior)
→ _____

2 Casey는 건강을 유지하기 위해 패스트 푸드 먹는 것을 피한다. (avoid, eat, stay healthy)
→ _____

3 걷기는 등산하기보다 쉽다. (walk, easier, climb a mountain)
→ _____

4 나는 공부에 집중하기 위해 TV보는 것을 포기했다. (my studies, give up, watch, focus on)
→ _____

5 그녀의 취미는 식물 돌보기이다. (plants, hobby, take care of)
→ _____

6 마라톤을 뛰는 것은 맹훈련을 필요로 한다. (run, marathons, require, hard training)
→ _____

동명사를 목적어로 취하는 동사

Sue finished cleaning up her room. Sue는 그녀의 방을 청소하는 것을 끝마쳤다.

David stopped reading the book. David는 그 책을 읽기를 중단했다.

1 동명사를 목적어로 취하는 동사

enjoy	stop	finish	give up	mind	prevent
avoid	practice	consider	suggest	quit	delay

2 to부정사와 동명사를 모두 목적어로 취하는 동사

like	love	hate	begin
start	prefer	continue	

He *prefers* to eat[eating] alone. 그는 혼자 식사하는 것을 선호한다.

● 바로 적용하기

 어법상 틀린 부분을 찾아 바르게 고쳐 문장을 다시 쓰시오.

1 Dennis refused accepting my offer.

→ _____

2 Gina is considering to have pizza for lunch.

→ _____

3 My brother decided traveling to Italy.

→ _____

4 He suggested to go to the market to buy the vegetables.

→ _____

5 My father quit to smoke last year.

→ _____

6 They agreed meeting at Jake's house.

→ _____

7 I hope starting my own business next year.

→ _____

8 They finished to paint the house.

→ _____

9 I avoid to drive during rush hour.

→ _____

10 We should not delay to start the project any longer.

→ _____

B 우리말과 일치하도록 ( ) 안의 표현을 사용하여 문장을 완성하시오.

1 우리는 바다에서 수영하는 것을 즐긴다. (swim, enjoy, at the beach)

→ _____

2 그들은 그 일을 하는 것을 그만두었다. (give up, do)

→ _____

3 나는 내 목표를 위해 돈을 저축하기 시작했다. (save money, my goals, begin)

→ _____

4 그는 반 친구들과 축구 연습을 했다. (classmates, play soccer, practice)

→ _____

5 그는 동물 보호소에서 자원 봉사하는 것을 제안했다. (suggest, animal shelter, volunteer)

→ _____

6 나는 저녁으로 샌드위치를 먹는 것을 꺼리지 않는다. (eat, mind, for dinner, a sandwich)

→ _____

7 우리는 계속해서 해결책을 찾고 있다. (a solution, continue, find)

→ _____

8 감기를 예방하기 위해 따뜻한 옷을 입어라. (wear, warm clothes, catch a cold, prevent)

→ _____

동명사를 활용한 여러 표현

I couldn't help laughing at his jokes. 나는 그의 농담에 웃을 수밖에 없었다.

I spent time doing house chores. 나는 집안일을 하면서 시간을 보냈다.

1 동명사를 활용한 여러 표현들

be busy -ing ~하느라 바쁘다	be worth -ing ~할 만한 가치가 있다
spend time -ing ~하느라 시간을 보내다	can't help -ing ~할 수밖에 없다
look forward to -ing ~하는 것을 고대하다	go -ing ~하러 가다
have trouble[difficulty] -ing ~하는 데 어려움을 겪다	be interested in -ing ~에 흥미가 있다
feel like -ing ~하고 싶다	

I am busy cleaning my room. 나는 내 방을 치우느라 바쁘다.

 주의 look forward to의 to는 to부정사가 아니라 전치사이므로 뒤에 동명사가 온다.
I'm looking forward to see you soon. (✕)
→ I'm looking forward to seeing you soon. (○) 저는 곧 당신을 보게 될 것을 고대합니다.

 바로 적용하기

A 우리말과 일치하도록 ( ) 안의 단어를 사용하여 문장을 완성하시오.

1 그 소녀는 춤 연습을 하느라 바빴다. (practice)

→ The girl _____ dancing.

2 엄마는 어제 그림을 그리며 시간을 보내셨다. (draw)

→ My mother _____ pictures yesterday.

3 Eddie는 형에게 거짓말을 할 수밖에 없었다. (lie)

→ Eddie _____ to his brother.

4 그 책은 두 번 읽을 만한 가치가 있다. (read)

→ The book _____ twice.

5 Bobby는 수학 문제를 푸는 데 어려움을 겪고 있다. (solve)

→ Booby _____ the math question.

6 나는 뭔가 달콤한 것을 먹고 싶다. (eat)

→ I _____ something sweet.

7 Alex는 새로운 언어를 배우는 것에 흥미가 있다. (learn)

→ Alex _____ new languages.

8 나는 매 주말마다 등산하러 간다. (hike)

→ I _____ every weekend.

B 우리말과 일치하도록 ( ) 안의 단어를 바르게 배열하시오.

1 그는 밤에 잠을 자는 데 어려움을 겪는다. (at night, has, sleeping, he, trouble)

→ _____

2 그 요리사는 손님들을 위한 식사를 요리하느라 바쁘다.

(the guests, cooking, the chef, busy, meals, is, for)

→ _____

3 너는 어제 쇼핑하러 갔었니? (yesterday, you, go, did, shopping)

→ _____

4 그 그림은 구입할 만한 가치가 있다. (is, painting, buying, worth, the)

→ _____

5 나는 그 여행에 대해 흥분을 느끼지 않을 수 없다. (excited, can't, feeling, about, I, help, the trip)

→ _____

6 우리와 함께 야구하고 싶니? (baseball, feel, us, do, playing, with, like, you)

→ _____

7 그는 이탈리아에서 휴가를 즐기기를 고대하고 있다.

(the vacation, looking, in, enjoying, he, Italy, to, is, forward)

→ _____

8 Nancy는 그녀 자신의 옷을 디자인하는 것에 흥미가 있다.

(designing, Nancy, in, is, her own, interested, clothes)

→ _____

9 나는 아름다운 석양에 감탄할 수밖에 없었다. (beautiful, help, the, couldn't, admiring, I, sunset)

→ _____

10 Sue는 책을 읽으며 시간을 보냈다. (reading, time, Sue, books, spent)

→ _____

난이도 ★★★

[01-03] 빈칸에 들어갈 알맞은 단어를 〈보기〉에서 골라 알맞은 형태로 쓰시오.

보기   drink   come   write

01 She finished _____ her novel.

02 _____ hot ginger tea is good for a cold.

03 Thank you for _____ to my birthday party.

[04-07] 우리말과 일치하도록 ( ) 안의 단어를 사용하여 문장을 완성하시오.

04 그는 심한 감기에 걸려서 기침을 멈출 수 없었다. (stop, cough)

→ He caught a bad cold and couldn't _____ _____.

05 그녀는 그녀가 가장 좋아하는 가수를 만나기를 고대하고 있다. (to, meet)

→ She is looking forward _____ _____ her favorite singer.

06 Jack은 도움을 청하기 위해 형에게 전화할 수밖에 없었다. (help, call)

→ Jack _____ _____ _____ his brother for help.

07 우리는 파티를 위해 집을 장식하느라 바쁘다. (busy, decorate)

→ We _____ _____ _____ the house for the party.

[08-10] 어법상 틀린 부분을 찾아 바르게 고치시오.

08 Yuna avoided to answer my question.

_____ → _____

09 Collecting coins from other countries are my hobby.

_____ → _____

10 I don't mind to eat pizza or pasta for dinner.

_____ → _____

[11-13] 각 상자에서 빈칸에 들어갈 단어를 하나씩 골라 문장을 완성하시오. (필요시 형태를 변형할 것)

busy   go   feel like   take   hike   clean

11 그는 점심을 먹고 난 후에 낮잠을 자고 싶었다.

→ He _____ a nap after lunch.

12 우리는 집을 청소하느라 바쁘다.

→ We _____ the house.

13 우리는 이번 주 토요일에 등산하러 갈 계획이다.

→ We plan to _____ this Saturday.

난이도 ★ ★ ★

[14-17] 빈칸에 들어갈 알맞은 단어를 〈보기〉에서 골라 알맞은 형태로 쓰시오.

보기   spend   learn   apologize   compare

14 그는 그의 가족과 더 많은 시간을 보내기를 바란다.
→ He wishes _____ more time with his family.

15 Eric은 그의 실수에 대해 사과하기를 거부했다.
→ Eric refused _____ for his mistake.

16 너는 너 자신을 다른 사람들과 비교하는 것을 그만두어야 한다.
→ You must quit _____ yourself to others.

17 나는 태국음식을 요리하는 것을 배우는 데 관심이 있다.
→ I'm interested in _____ how to cook Thai food.

함정유형

18 우리말과 일치하도록 〈보기〉에서 필요한 단어만 골라 바르게 배열하여 영어로 쓰시오.

보기 saving   save   to buy   buying
      is   are   money   a new phone
      my plan

내 계획은 새 핸드폰을 사기 위해 돈을 모으는 것이다.

→ _____

19 다음 글의 내용과 일치하도록 대화의 빈칸에 들어갈 알맞은 말을 쓰시오.

Sena is planning to go skiing. It is very cold today. Sena's mom wants her to wear her hat.

Mom: Are you going to (1) _____
      _____ today?
Sena: Yes, I am.
Mom: It's very cold outside. How about
      (2) _____ your hat?
Sena: Ok, I'll do that.

(1) _____ _____   (2) _____

20 대화를 읽고 물음에 답하시오.

A: Hey, you look tired. What's going on?
B: ⓐ 밤에 축구를 보느라 시간을 다 보냈어.
A: I see. How was the game?
B: ⓑ 밤을 새울 만한 가치가 있었어! Our team won!
A: Oh, that's good news!

(1) 밑줄 친 우리말 ⓐ와 일치하도록 ( ) 안의 표현을 사용하여 문장을 완성하시오.

I _____ _____
_____ _____
_____ the soccer game at night.
(spend, all my time, watch)

(2) 밑줄 친 우리말 ⓑ와 일치하도록 ( ) 안의 표현을 사용하여 문장을 완성하시오.

_____ _____
_____ _____
_____ all night.
(it, worth, stay up)

⭐ 신유형

[21-22] 그림을 보고 각 상자에서 빈칸에 들어갈 단어를 하나씩 골라 알맞은 형태로 쓰시오.

practice	have

study	play

21 Charlie spent the evening _____
_____ the guitar.

22 Lisa _____ difficulty _____
Chinese last week.

23 우리말과 일치하도록 빈칸에 공통으로 들어갈 알맞은 말을 쓰시오.

(1) 낚시는 많은 인내심을 필요로 한다.
→ _____ takes a lot of
patience.
(2) 아버지는 지난 일요일에 낚시하러 가셨다.
→ My father went _____ last
Sunday.
(3) 한 남자가 호수에서 낚시를 하고 있다.
→ A man is _____ at the lake.

_____

난이도 ★ ★ ★

24 어법상 틀린 문장을 세 개 찾아 기호를 쓰고, 틀린 부분을 바르게 고쳐 쓰시오.

ⓐ I feel like listening to some jazz music.
ⓑ We look forward to try the new restaurant in town.
ⓒ Deciding to buy the house were a good choice.
ⓓ I can't help covering my ears because it is noisy here.
ⓔ Thank you for help me with my homework.

( ) _____ → _____
( ) _____ → _____
( ) _____ → _____

25 다음 글을 읽고 Danny가 지키기로 약속한 두 가지를 ( ) 안의 단어를 활용하여 쓰시오.

Last month Danny failed to exercise regularly and became much heavier. He made a promise with his parents to take care of his health. He will visit the gym every week to exercise. Also, he will not eat too much food during each meal.

Danny's Promises
(1) I will spend _____
_____ in the gym. (exercise)
(2) I will _____
_____ too much. (quit)

CHAPTER 12

전치사와 접속사

장소·위치를 나타내는 전치사

I'm studying at the library.
나는 도서관에서 공부하는 중이다.

There is a book in my bag.
내 가방 안에 책 한 권이 있다.

1 장소·위치를 나타내는 다양한 전치사

at	~에	**at** the bus stop	above	~(보다) 위에	**above** the river
in	~(안)에	**in** the building	under	~바로 아래에	**under** the sea
on	~(표면) 위에	**on** the table	below	(~ 보다) 아래에	**below** the surface
over	~위로 (넘어)	**over** the house	in front of	~앞에	**in front of** the door
behind	~뒤에	**behind** the tree	next to	~바로 옆에	**next to** the house
between	~(둘) 사이에	**between** the two rocks	among	~(셋 이상) 사이에	**among** the flowers

주의

1 at: 특정 장소·지점 / in: 범위·포함의 의미를 내포한 넓은 공간 및 실내 안 / on: 접촉하는 표면 위

2 '둘 사이에': between / '셋 이상 사이에': among

The farmer found the gold between the two trees. 그 농부는 두 그루의 나무 사이에서 황금을 발견했다.

Among my friends, Jennifer is the most active. 내 친구들 사이에서, Jennifer가 가장 활동적이다.

● 바로 적용하기

우리말과 일치하도록 빈칸에 들어갈 알맞은 전치사를 쓰시오.

1 David는 한국에서 태어났다.

→ David was born _____ Korea.

2 그 화가는 벽에 그림을 그리는 중이다.

→ The artist is painting a picture _____ the wall.

3 나는 그 모임에서 Jenny를 만났다.

→ I met Jenny _____ the meeting.

4 우리는 나무 아래에서 쉬고 있다.

→ We are taking a rest _____ the tree.

5 너의 집 바로 옆에 학교가 있니?

→ Is there a school _____ your house?

6 구름이 천천히 산 위로 지나갔다.

→ The clouds moved slowly _____ the mountains.

B 우리말과 일치하도록 ( ) 안의 단어를 바르게 배열하시오.

1 우리 형은 소파 위에 누워 있다. (sofa, brother, is, lying, my, on, the)

→ _____

2 학교 정문 앞에서 만나자. (meet, let's, in, gate, of, the, school, front)

→ _____

3 작은 새가 내 머리 위로 날아갔다. (flew, bird, the, over, little, head, my)

→ _____

4 나는 Chris와 Kevin 사이에 서 있었다. (Chris, I, and, Kevin, between, stood)

→ _____

5 Albert는 수영장에서 수영을 즐겼다. (enjoyed, pool, Albert, in, the, swimming)

→ _____

6 보트 한 척이 다리 아래로 지나갔다. (below, boat, the, passed, a, bridge)

→ _____

C 어법상 틀린 부분을 찾아 바르게 고쳐 문장을 다시 쓰시오.

1 Mike is trying to catch the fish on the water.

→ _____

2 Please put your hands at the desk.

→ _____

3 Karen is the cleverest girl between all my friends.

→ _____

4 We saw some monkeys at the cage.

→ _____

5 How many were there on the party?

→ _____

6 The actress stood in the red carpet.

→ _____

시간을 나타내는 전치사

> **David called me at six o'clock.** David는 6시에 나에게 전화했다.
>
> ···
>
> **We will go on a vacation in June.** 우리는 6월에 휴가를 떠날 것이다.

1 시간을 나타내는 전치사 on, at, in

at	특정한 시간	Gary arrived in Paris at noon. Gary는 정오에 파리에 도착했다.
on	날짜, 요일 등 특정한 날	I will throw a party on my birthday. 나는 내 생일에 파티를 열 것이다.
in	하루의 때(아침, 저녁 등), 월, 연도, 계절	Flowers bloom in spring. 봄에는 꽃들이 피어난다.

 주의
월, 연도가 쓰여도 '특정한 날'을 나타낼 때는 in이 아닌 on을 쓰는 것에 주의하자!
He will return to Korea ~~in~~ July 4th, 2024. (×)
→ He will return to Korea on July 4th, 2024. (○) 그는 2024년 7월 4일에 한국으로 돌아올 것이다.

2 그 외 전치사

before	~ 전에	**before** Saturday	after	~ 후에	**after** midnight
for	~동안 (구체적 숫자)	**for** 5 months	during	~동안 (특정 기간)	**during** the vacation
by	~(전) 까지	**by** next Tuesday	until	~ 때까지 (계속)	**until** this year

---

● **바로 적용하기**

A 우리말과 일치하도록 빈칸에 들어갈 알맞은 전치사를 쓰시오.

1 너는 다음 주 화요일까지 숙제를 제출해야 한다.

→ You should hand in your homework _____ next Tuesday.

2 나는 아침까지 동생 옆에 앉아 있었다.

→ I sat next to my brother _____ morning.

3 Henry는 영화 상영 동안 잠들었다.

→ Henry fell asleep _____ the movie.

4 우리 가족은 7월에 새 집으로 이사 갈 것이다.

→ My family will move to a new house _____ July.

5 나는 주말에는 보통 아침 10시에 일어난다.

→ I usually get up _____ 10 a.m. on weekends.

B 우리말과 일치하도록 ( ) 안의 단어를 바르게 배열하시오.

1 그녀는 오전에 커피 마시는 것을 즐긴다. (the, drinking, morning, she, in, enjoys, coffee)

→ _____

2 Nancy는 6년 동안 피아노를 배웠다. (learned, Nancy, years, play, six, piano, for, to, the)

→ _____

3 12월 25일에 눈이 올지도 모른다. (might, December 25th, snow, on, it)

→ _____

4 그들은 방과 후에 축구 경기를 보았다. (a, after, watched, school, football, they, game)

→ _____

5 그는 하루를 시작하기 전에 항상 기도를 한다. (always, day, before, his, prays, he, starting)

→ _____

6 그녀는 보통 저녁에 조깅하러 나간다. (jogging, she, the, goes, in, usually, evening)

→ _____

C 어법상 틀린 부분을 찾아 바르게 고쳐 문장을 다시 쓰시오.

1 Santa Claus must be busy in Christmas eve!

→ _____

2 Chris played computer games during three hours.

→ _____

3 The sky is very high at the autumn.

→ _____

4 My grandfather was born on 1940.

→ _____

5 He's out in the moment.

→ _____

6 Roy has a dentist appointment in Friday.

→ _____

and, but, or / 부사절을 이끄는 접속사

I like watching movies and reading books. 나는 영화감상과 독서를 좋아한다.

Although I'm not rich, I'm always happy. 비록 나는 부유하지 않더라도, 나는 항상 행복하다.

1 **and, but, or** 문법적으로 대등한 관계에 있는 단어와 단어, 구와 구, 혹은 절과 절을 연결한다.

She is young *but* very ~~braveness~~. (×)

→ She is young *but* very brave. (○) 그녀는 어리지만 매우 용감하다.

Should we order pizza *or* ~~cooking~~ something? (×)

→ Should we order pizza *or* cook something? (○) 우리는 피자를 주문할까, 아니면 요리를 할까?

2 **부사절을 이끄는 접속사** 「접속사＋주어＋동사」의 형태로 문장에서 부사 역할을 하며, 시간·조건·양보·이유의 의미를 나타낸다.

시간	before, after, when 등	John arrived home before it became dark. John은 어두워지기 전에 집에 도착했다.
조건	if, unless(= if ~ not)	Unless you apologize, I won't forgive you. 네가 사과하지 않으면, 나는 너를 용서하지 않을 것이다.
양보	although	I want to play outside although it is raining. 비록 비가 오지만 나는 밖에서 놀고 싶다.
이유	because, as, since 등	Everyone likes him because he is kind. 그는 친절하기 때문에 모두가 그를 좋아한다.

 주의

1 시간·조건을 이끄는 절에서는 현재시제로 미래를 나타낸다.

We will go to the cinema if you ~~will~~ come home early. (×)

→ We will go to the cinema if you come home early. (○) 네가 집에 일찍 온다면 우리는 극장에 갈 거야.

2 unless는 'if not'의 의미로, 부정의 의미가 포함되어 있으므로 unless 절에 not을 쓰지 않도록 주의하자!

I won't go there unless you ~~don't~~ come with me. (×)

→ I won't go there unless you come with me. (○) 네가 나와 같이 가지 않으면, 난 그곳에 가지 않을래.

● 바로 적용하기

 우리말과 일치하도록 빈칸에 들어갈 알맞은 접속사를 쓰시오.

1 아침에 차 혹은 커피를 드시겠어요?

→ Would you like tea _____ coffee in the morning?

2 더 열심히 공부하지 않는다면 너는 시험에 낙제할 것이다.

→ You will fail the test _____ you study harder.

3 그는 비록 키가 작지만 힘이 대단히 세다.

→ _____ he is short, he is very strong.

4 Dennis는 피곤했기 때문에 집에 가고 싶었다.

→ Dennis wanted to go home _____ he was tired.

5 우리는 점심을 다 먹고 난 후에 공원에 갈 것이다.

→ We will go to the park _____ we finish our lunch.

B 우리말과 일치하도록 ( ) 안의 단어를 바르게 배열하시오.

1 나는 시장에 가서 사과를 좀 샀다. (bought, to, market, I, apples, and, the, some, went)

→ _____

2 도움이 필요하면 저에게 전화하세요. (any, need, me, you, help, if, call)

→ _____

3 Horace는 잠들 때까지 음악을 들었다. (the music, fell, Horace, listened, asleep, he, to, until)

→ _____

4 내 차는 오래되었지만, 부드럽게 달린다. (old, smoothly, my, is, it, car, but, runs)

→ _____

5 나는 물을 충분히 마시지 않아서 목이 말랐다. (thirsty, enough, as, I, water, was, drink, didn't, I)

→ _____

C 어법상 틀린 부분을 찾아 바르게 고쳐 문장을 다시 쓰시오.

1 She will write a review after she will finish the book.

→ _____

2 They will cancel the game if it will rain.

→ _____

3 After lunch, Isaac felt full and sleepiness.

→ _____

4 You can't swim well unless you don't practice hard.

→ _____

5 Before the sun will set, we need to find a place to camp.

→ _____

Point 43 명사절을 이끄는 that

> **The problem is that I can't swim.** 문제는 내가 헤엄칠 수 없다는 것이다.
>
> **He thinks that she is a liar.** 그는 그녀가 거짓말쟁이라고 생각한다.

1 **접속사 that** 「that+주어+동사」의 형태로 문장에서 주어, 보어, 목적어 역할을 하는 명사절을 이끈다.

주어	That he failed the test was hard to believe. 그가 시험에 낙제했다는 것은 믿기 어려웠다.
보어	The good news is that Jenny recovered from the disease. 좋은 소식은 Jenny가 병에서 회복했다는 것이다.
목적어	Jackie believes that she is innocent. Jackie는 그녀가 결백하다고 믿는다.

주의

1 주어로 쓰인 that절은 단수 취급한다.
That you are happy is important. 네가 행복하다는 것이 중요하다.

2 that절이 주어 역할을 할 때에는 주어 자리에 가주어 It을 쓰고 that절을 뒤로 보낼 수 있다.
That you are happy is important.
= It is important that you are happy.

 바로 적용하기

A 우리말과 일치하도록 ( ) 안의 단어를 사용하여 문장을 완성하시오. (필요시 주어진 단어를 변형할 것)

1 태양이 서쪽에서 뜨는 것은 불가능하다. (it, impossible, the sun, rise, in the west)

    → _____

2 우리의 문제는 아무도 돈이 충분히 없다는 것이다. (problem, nobody, have, money)

    → _____

3 그가 도둑이라는 것은 충격적인 소식이다. (a thief, shocking)

    → _____

4 그 노인은 시간이 빠르게 지나간다는 것을 깨달았다. (old man, realize, go by, quickly)

    → _____

5 나는 Roy가 요리를 잘 한다고 생각한다. (think, be good at)

    → _____

6 우리는 내일 날씨가 좋기를 바란다. (hope, nice)

    → _____

7 내가 그 경기에서 우승한 것은 기적이었다. (it, miracle, win, competition)

→ _____

8 나의 신념은 연습이 완벽함을 만든다는 것이다. (belief, practice, perfect)

→ _____

B 우리말과 일치하도록 ( ) 안의 단어를 바르게 배열하시오.

1 그가 부자라는 것은 믿기 힘들다. (rich, to, believe, that, is, is, hard, he)

→ _____

2 나쁜 소식은 Kate가 늦게 온다는 것이다. (that, come, the, is, Kate, will, news, late, bad)

→ _____

3 우리는 그 책이 재미있다고 들었다. (interesting, that, we, heard, book, is, the)

→ _____

4 그가 한국인이 아니라는 사실은 놀랍다. (that, surprising, is, is, Korean, he, not, it)

→ _____

5 그의 의견은 우리가 함께 있어야 한다는 것이다. (that, is, his, we, together, should, stay, opinion)

→ _____

6 내일 눈이 오는 것은 가능하다. (snow, possible, tomorrow, will, is, it, it, that)

→ _____

7 내가 파티를 계획 중이라는 것은 비밀이다. (a, it, planning, that, is, party, secret, a, I'm)

→ _____

8 나는 정직함이 최선의 방책이라고 생각한다. (policy, honesty, best, that, I, is, believe, the)

→ _____

9 그는 그 다이아몬드가 가짜라는 것을 발견했다. (that, diamond, a, discovered, fake, was, the, he)

→ _____

10 나는 Fred가 가수가 되고 싶어 한다는 걸 몰랐다.

(that, wanted, know, Fred, I, to, didn't, be, singer, a)

→ _____

난이도 ★★★

[01-03] 각 문장의 빈칸에 들어갈 알맞은 전치사를 쓰시오.

01 _____ the winter, we make a snowman.

02 He usually takes a nap _____ the afternoon.

03 People plant trees _____ Arbor Day.

[04-07] 우리말과 일치하도록 〈보기〉에서 알맞은 단어를 골라 문장을 완성하시오.

| 보기 | by | until | at | during | for |

04 그는 방학동안 스페인에 갔다.
→ He went to Spain _____ the vacation.

05 David는 3년 동안 기타를 배웠다.
→ David learned how to play the guitar _____ three years.

06 너는 글쓰기 숙제를 이번 주 금요일까지 제출해야 한다.
→ You have to hand in your writing homework _____ this Friday.

07 그 행사는 저녁 6시 30분에 시작한다.
→ The event starts _____ 6:30 in the evening.

08 의미상 알맞은 접속사를 〈보기〉에서 골라 다음 두 문장을 한 문장으로 연결하여 쓰시오. (접속사를 문장 맨 앞에 쓸 것)

| 보기 | if | after | although | because |

- I was tired.
- I stayed up late to finish my homework.

→ _____

[09-10] 빈칸에 공통으로 들어갈 알맞은 전치사를 쓰시오.

09
- My grandfather built this house _____ 1940.
- He'll go on a trip _____ summer.

_____

10
- My car key is _____ the desk.
- I gave my mom a carnation _____ Parent's Day.

_____

[11-12] 우리말과 일치하도록 빈칸에 들어갈 알맞은 말을 쓰시오.

11 많은 기자들이 그의 집 앞에 모였다.
→ A lot of reporters gathered _____ his house.

12 이것은 손님들 사이에서 가장 인기 있는 음식이다.
→ This is the most popular food _____ the guests.

[13-14] 어법상 틀린 부분을 찾아 바르게 고쳐 문장을 다시 쓰시오.

13 As I was very tired, I fell asleep for the movie.

→ _____

14 That he got good grades in all subjects were surprising.

→ _____

15 문맥상 빈칸에 들어갈 알맞은 접속사를 쓰시오.

Your grandmother can't hear you
_____ you talk loudly.

[16-17] 우리말과 일치하도록 〈보기〉에서 필요한 단어만 골라 바르게 배열하시오.

16 비가 오면 그녀는 집에 머물 것이다.

보기	will	rains	it	rain	if
	she	stay	will	at	in
	on	home			

→ _____

17 손님들이 도착하지 않으면 파티는 시작되지 않을 것이다.

보기	won't	the party	start	not
	arrive	the guests	unless	

→ _____

[18-19] 빈칸에 공통으로 들어갈 알맞은 접속사를 쓰시오.

18
• You will get wet _____ you don't take your umbrella with you.
• _____ you want to play outside, you should finish cleaning your room first.

_____

19
• _____ animals also have feelings is surprising.
• Do you know _____ there is a spy among us?

_____

[20-22] 그림을 보고, A의 질문에 대한 B의 대답을 완성하시오.

20 A: Where is the cat?
B: It is sleeping _____ the table.

21 A: Where is the boy?
B: The boy is standing _____
_____ the table.

22 A: Where are the apples?
B: The apples are _____ the table.

[23-24] 어법상 틀린 부분을 찾아 바르게 고치시오.

23 I had to choose one among the two hats.

_____ → _____

24 My family will go out for dinner when father will return home from work.

_____ → _____

난이도 ★★★

25 어법상 틀린 문장을 <u>두 개</u> 찾아 기호를 쓰고, 틀린 부분을 바르게 고쳐 문장을 다시 쓰시오.

ⓐ Mom was upset because I didn't listen to her.
ⓑ This is necessary that we follow the rules.
ⓒ Although he is rich, he isn't always happy.
ⓓ I would be glad if you will help me.
ⓔ Did you know that Dennis is French?

(   ) _____

(   ) _____

26 각 상자에서 빈칸에 들어갈 표현을 하나씩 골라 문장을 완성하시오.

and	she saw beautiful scenery
but	they were so expensive
after	he watched a horror movie

(1) Peter was scared _____

_____ .

(2) I found cool shoes, _____

_____ .

(3) She went for a hike, _____

_____ .

27 다음 우리말을 읽고, 글의 내용과 일치하도록 ( ) 안의 표현을 사용하여 대화를 완성하시오.

민주는 부산에 계신 할머니를 뵈러 처음으로 혼자 기차를 타고 갈 예정이다. 민주의 엄마는 혼자 떠나는 민주가 걱정된다. 민주는 할머니 댁에 도착할 때 엄마께 전화하겠다고 말한다.

Mom: Minju, do you think you can find grandma's house?
Minju: Of course! Don't worry, mom. I'll call you _____.
(arrive, grandma's house)

PART II
Chapter 13~14

내용 이해
서술형

CHAPTER
13

빈칸 완성

Point 01 단문, 대화문, 지문 빈칸 완성

Point 01 단문, 대화문, 지문 빈칸 완성

출제 경향 단문, 대화문, 지문 등 여러 종류의 글에서 빈칸에 들어갈 알맞은 어휘를 쓰는 유형으로 출제된다. 다의어(여러 의미를 갖는 단어), 관용어구(숙어) 및 글의 내용 이해와 관련된 어휘 문제가 주로 출제되는 편이다.

예시 유형 대화문 빈칸 완성
주어진 대화문의 빈칸에 들어갈 알맞은 단어를 각각 쓰시오.

> Jacob: Hi, Irene. What did you do (1) _____ Sunday?
> Irene : I went to a (2) _____ with my friend Yeri.
> Jacob: What did you to there?
> Irene : We talked with patients and sang songs together.

✸ 문제풀이

- 첫 번째 빈칸은 전치사를 묻는 문제로, 요일과 관련된 전치사를 써야 하므로 on이 적절하다.
- 두 번째 빈칸은 내용 이해와 관련된 문제이다. 환자들과 대화하고 함께 노래를 불렀다는 내용을 통해 병원임을 유추할 수 있다. 따라서 정답은 (1) on, (2) hospital이다.

 바로 적용하기

A 각 문장의 빈칸에 공통으로 들어갈 알맞은 단어를 쓰시오.

1
- Exercise is good for both body and _____.
- Do you _____ opening the door for a while?

2
- My mother will _____ me to school tomorrow.
- I _____ a shower after exercise.
- _____ your books out of your bag.

3
- I was _____. I had no money.
- A thief _____ into Kelly's house last night.
- I was very angry because Danny _____ my favorite plate.

4

- The King _____ed the man to leave the country.
- You can _____ books from online bookstores.

5

- Sumin _____ed some bread to me.
- Chris _____ed the exam in the end.

B 대화의 빈칸에 공통으로 들어갈 알맞은 단어를 쓰시오.

1

- A: _____ you like some tea?

  B: No. Orange juice please.

- A: What do you want to do now?

  B: I _____ like to watch a movie at home.

2

- A: What is Jenny's hobby?

  B: She likes to _____ pictures of animals.

- A: Did you see the pictures on the wall?

  B: Yes, they really _____ attention, don't they?

3

- A: I _____ed the bus again today.

  B: Oh, that's unfortunate. How did you get to school then?

- A: I'll _____ you.

  B: Me, too. I'll call you often.

C 다음 글을 읽고 물음에 답하시오.

> I have one younger sister and we are so ⓐ_____. I like to do outdoor activities in my free time, but my sister likes reading more. I use the computer only for Internet surfing, but she ⓑ_____ her free time looking at webtoons.
> I enjoy listening to rock music, but my sister enjoys classical music.

1 글의 내용을 바탕으로 빈칸 ⓐ에 들어갈 가장 알맞은 단어를 쓰시오.

　　_____

2 글의 흐름상 빈칸 ⓑ에 들어갈 알맞은 단어를 쓰시오.

　　_____

D 다음 글을 읽고 물음에 답하시오.

> My name is Charlie. I'm an elephant ⓐ_____. I began my job 10 years ago, and I am still doing it. I really love my job.
> My day starts at 5:00 a.m. I give food to the elephants. We bring a lot of food because elephants eat a lot. Then, I clean up the cage. Cleaning is tough, but it is necessary for the health of the elephants.
> After lunch, we ⓑ_____ the elephants to a pond so they can
> ⓑ_____ a mud bath! Because their skin is very sensitive, elephants use mud to ⓒ_____ their skin from the sun.

1 글의 내용을 바탕으로 빈칸 ⓐ에 들어갈 가장 알맞은 단어를 쓰시오.

　　_____

2 빈칸 ⓑ에 공통으로 들어갈 알맞은 단어를 쓰시오.

　　_____

3 글의 흐름상 빈칸 ⓒ에 들어갈 알맞은 단어를 쓰시오.

　　_____

CHAPTER 14

어휘

알맞은 어휘 쓰기

출제경향 주어진 영영 사전식 풀이를 보고 그 뜻풀이에 맞는 어휘를 쓰는 유형과, 그림을 보고 그림의 내용과 일치하는 알맞은 어휘를 쓰는 문제로 주로 출제된다.

예시유형 영영풀이에 맞는 어휘 쓰기
다음 영영풀이가 설명하는 단어로 알맞은 것은?

This means to gather items like stamps, coins, or other items because you find them interesting or valuable.

_____

✦ **문제풀이**

우표, 동전 등과 같은 물건을 흥미롭고 가치 있다고 여겨 모으는 행위라고 했으므로 정답은 'collect(수집하다)'이다.

➕ Tip 주로 명사, 형용사, 동사의 영영풀이가 제시되며, 각 품사별 영영풀이의 시작이 다르므로, 이에 맞춰 단어의 형태를 써야 한다.

    1 명사: 「a[the]+명사」로 시작한다.

    2 형용사: 형용사나 분사(-ing, -ed)로 시작한다.

    3 동사: to부정사로 시작한다.

    4 부사: 전치사로 시작한다.

    ex. movement: the act of moving from one place or position to another
           move: to go from one place or position to another

● **바로 적용하기**

A 아래 주어진 영영풀이에서 밑줄 친 this가 의미하는 단어가 무엇인지, 주어진 철자로 시작하여 쓰시오.

1 You can get <u>this</u> when you learn from life, an event, or an experience.

→ | l | | | | | |

2 <u>This</u> is the act of taking in air through your nose and mouth.

→ | b | | | | | |

3 When you are sick, you go see <u>this person</u> because he or she treats patients.

→ | d | | | | |

4 <u>This</u> is to look at and understand words and sentences in a book.

→ | r | | | |

B 그림을 보고 빈칸에 들어갈 알맞은 단어를 쓰시오.

[1-4]

This man's name is Jack. He is ⓐ t☐☐☐☐☐☐☐☐ in Italy during his summer ⓑ v☐☐☐☐☐☐☐☐. He wants to go to a famous museum, but can't find the ⓒ d☐☐☐☐☐☐☐☐☐ to get there, so he decides to ask a woman about it. The woman's name is Jenny. When she hears Jack's question, she takes out her ⓓ m☐☐ to guide him to the museum.

1 ⓐ: _____

2 ⓑ: _____

3 ⓒ: _____

4 ⓓ: _____

[5-8]

Tomorrow is Paul's birthday, so I'm planning a birthday party for him. There are many things to ⓐ p☐☐☐☐☐ for the party. First, I need to send out invitations. I'm planning to ⓑ i☐☐☐☐ all my close friends. I will arrange for a cake, snacks, and beverages. I also need to buy a gift for Paul. He is ⓒ i☐☐☐☐☐☐☐☐☐ in reading comic books, so I'm going to get him a comic book as a ⓓ p☐☐☐☐☐. We will have a fun time together. I'm looking forward to creating joyful memories together!

5 ⓐ: _____

6 ⓑ: _____

7 ⓒ: _____

8 ⓓ: _____

어색한 어휘 바르게 고치기

출제경향 주어진 글에서, 글의 흐름상 어색한 어휘를 찾아 바르게 고쳐 쓰는 유형으로 출제된다.

예시유형 어색한 어휘 바르게 고치기 (신유형)
다음 글의 밑줄 친 ⓐ~ⓔ 중, 흐름상 어색한 것을 찾아 바르게 고쳐 쓰시오.

> He didn't try to paint ⓐ real objects. Instead, he expressed emotions with different colors. He used yellow to express warm and exciting feelings and blue to show deep and serious feelings. To him, each color showed ⓑ the same emotion.
> He also used colors to express the sounds of ⓒ musical instruments. Yellow was the trumpet, and blue was the cello. ⓓ In this way, he matched colors and music. Painting a picture was like making a ⓔ song to him.

(   ) _____ → _____

✦ **문제풀이**

- 노란색은 따뜻하고 신나는 감정, 파란색은 깊고 진지한 감정을 표현한다고 언급되어 있으므로, 각 색이 같은 감정을 보여준다는 것은 흐름상 어색하다.
- 따라서 ⓑ의 the same을 a different로 고쳐야 한다.

바로 적용하기

다음 글의 밑줄 친 ⓐ~ⓔ 중, 흐름상 어색한 것을 찾아 〈보기〉의 단어 중 알맞은 것으로 교체하시오.

| 보기 | start | tasty | different | calm | setting | change | lively | comfortable |

1 Every morning, the sun ⓐ rises and fills the sky with light. The birds start ⓑ singing, and the flowers ⓒ open up their colors. The world becomes bright and ⓓ quiet. The forest ⓔ gives all creatures another new day.

(   ) _____ → _____

2 For breakfast, I have ⓐ a bowl of corn flakes with milk. It's quick to prepare and tastes ⓑ delicious. I also like to ⓒ add some fruit like bananas or strawberries. Eating a healthy breakfast gives me energy to ⓓ end my day right. It's important to eat ⓔ healthy foods in the morning.

(   ) _____ → _____

3 When autumn comes, the days grow ⓐ shorter and the air starts getting chilly. The leaves change colors to red, yellow, and orange and ⓑ fall from the trees. It's fun to collect ⓒ same types of leaves and learn about them. My friends and I even make a scrapbook of leaves. This activity helps us to understand the ⓓ beauty of nature and learn about the ⓔ changes in seasons.

(   ) _____ → _____

B 다음 글의 밑줄 친 ⓐ~ⓔ 중, 흐름상 어색한 것을 찾아 바르게 고쳐 쓰시오.

1 My family likes to go camping in the woods. We ⓐ build a tent, sit around the campfire, and ⓑ share interesting stories. At night, the forest becomes ⓒ quiet, and we can hear the sounds of insects. The night sky is filled with stars. Sleeping in a tent is an adventure, and I love waking up to the sound of birds singing in the morning. When I am camping, I can ⓓ remember about daily life for a while and enjoy the ⓔ outdoors.

(   ) _____ → _____

2 Eating junk food isn't ⓐ good for you. It ⓑ contains bad fat and sugars. If you eat too much junk food, you might ⓒ gain weight and feel sick. It can even ⓓ prevent serious diseases. Plus, junk food doesn't have good things like vitamins. So, it's better to eat healthy foods like fruits and vegetables. They make you ⓔ strong and feel great!

(   ) _____ → _____

3 I have two dreams for my future. I want to ⓐ become a doctor because I want to use my skills to ⓑ heal others. I love helping people and I want to make them feel better when they're ⓒ healthy. Another dream is to travel the world. I want to ⓓ visit different countries, learn about their cultures, and meet new people. To ⓔ achieve my dreams, I plan to enter medical school and study foreign languages.

(   ) _____ → _____

[01-02] 빈칸에 공통으로 들어갈 알맞은 말을 쓰시오

01
- Bill, could you _____ down the TV, please?
- It's your _____ to wash the dishes.

02
- She _____d her hand when she saw her mother.
- I was looking at the _____s in the sea.

[03-04] 글을 읽고 물음에 답하시오.

In a forest, there lived a ⓐwise old owl and a cheerful little sparrow. The owl often shared stories and ⓑlessons with the sparrow. One day, the sparrow asked, "How can I be as wise as you?" The owl replied, "To be wise, you must first learn to listen." The sparrow took the owl's (1) _____ to heart. It began to listen ⓒcarefully to the forest and other animals. The sparrow listened to the whispers of the trees and the songs of the rivers.

One evening, the sparrow returned to the owl. "Your advice was really ⓓuseless," it said. The owl smiled. From then on, the sparrow wasn't just (2) _____ ; it was wise, too. It ⓔshared its knowledge with other birds and taught them how to accept the true beauty of nature.

03 밑줄 친 ⓐ~ⓔ 중, 글의 흐름상 어색한 단어를 골라 바르게 고쳐 쓰시오

(　　　) _____ → _____

04 윗글의 빈칸에 들어갈 각각 알맞은 단어를 글에서 찾아 쓰시오.

(1) | a | | | | |

(2) | c | | | | | |

05 밑줄 친 ⓐ~ⓔ 중, 글의 흐름상 어색한 단어를 골라 바르게 고쳐 쓰시오.

We love to visit the ⓐbeach. We swim, build sandcastles and ⓑcollect shells. My favorite activity is to fly a kite because it flies ⓒhigh in the sky. The breeze at the beach makes it the ⓓperfect place for kite flying. After a long day, we watch the sun ⓔrising. The sky and sea at this time of day are really beautiful.

(　　　) _____ → _____

[06-07] 대화를 읽고 물음에 답하시오.

Nuri: David, do you need this plastic bottle?
David: No, I don't need it. I will (1) _____ it away.
Nuri: Don't do that. I need it. I can make great things with this bottle.
David: Oh, really?
Nuri: Look at this pencil holder. You can make it with this bottle.
David: That's great! How did you make it?
Nuri: You can look it (2) _____ on the Internet.
David: If I give it to you, can you make another pencil holder?
Nuri: No. This time, I want to make a flower pot.

David: Wow! Can you show me how to make the pot?

Nuri: Of course. It is a good way to ⓐ _____ it.

06 대화의 흐름상 빈칸 (1)과 (2)에 들어갈 알맞은 단어를 쓰시오.

(1) _____ (2) _____

07 대화의 흐름상 빈칸 ⓐ에 들어갈 알맞은 단어를 아래의 영어 정의를 보고 쓰시오.

ⓐ _____ means to take old things and make them into new things instead of throwing them away.

_____

[08-09] 대화를 읽고 물음에 답하시오.

Eric: What are you reading, Jake?

Jake: I'm reading a book about travel.

Eric: Do you enjoy traveling?

Jake: Yes, I love to visit new places and experience different cultures.

Eric: Oh, then what do you want to be in the future?

Jake: I want to give people memorable experiences.

Eric: Like a (1) _____?

Jake: Yes, I want to be a (1) _____.

Eric: How do you plan to ⓐ _____ your dream?

Jake: I'm going to work at a travel agency after I graduate from college.

Eric: That sounds like a great plan!

08 대화의 흐름상 빈칸 (1)에 공통으로 들어갈 알맞은 단어를 쓰시오.

☐☐☐☐ ☐☐☐☐☐

09 대화의 흐름상 빈칸 ⓐ에 들어갈 알맞은 단어를 아래의 영어 정의를 보고 쓰시오.

ⓐ _____ means to successfully reach a goal or accomplish something.

_____

[10-12] 글을 읽고 물음에 답하시오.

Last Sunday, I had a wonderful time as a (1) _____. I went to a nursing home with my friends. We walked with elderly people. It was very sunny, so my friends and I put (2) _____ our hats. Though they walked slowly, they enjoyed the sunshine and smiled. Some elderly people couldn't walk ⓐ _____, so I pushed their wheelchairs. It was heartwarming to see the smile (2) _____ their faces. We shared many laughs and created lasting memories together.

10 글의 흐름상 빈칸 (1)에 들어갈 알맞은 단어를 쓰시오.

_____

11 글의 흐름상 빈칸 (2)에 공통으로 들어갈 알맞은 단어를 쓰시오.

_____

12 글의 흐름상 빈칸 ⓐ에 들어갈 알맞은 단어를 쓰시오.

_____ _____ _____

Yeri: Good morning, Tom. What did you do last weekend?

Tom: Hi, Yeri. I visited Busan with my mother.

Yeri: You did? (1) _____ did you (2) _____ it?

Tom: We liked it very much. We enjoyed a lot of delicious food.

Yeri: What did you eat there?

Tom: We had pork rice soup and seed hotteok. They really tasted good.

Yeri: Did you go to the beach while you were there?

Tom: Yes, we went to Haeundae Beach. The night view was beautiful.

Yeri: I envy you. I want to visit Busan someday.

Tom: You should! Busan is a beautiful city with so many things to (3) _____ and (4) _____.

13 대화의 흐름상 빈칸 (1), (2)에 들어갈 알맞은 단어를 쓰시오.

(1) _____ (2) _____

14 대화의 흐름상 빈칸 (3), (4)에 들어갈 알맞은 단어를 쓰시오.

(3) _____ (4) _____

  I want to talk about my little dog, White. She is Maltese and two years old. She had a serious problem. She was too (1) _____ about food. She tried to eat everything, even trash. So I took her to a dog trainer for help. He watched White for a while and said, "Keep a big bowl full (2) _____ dog food all the time." His advice sounded very simple, but it worked! White didn't try to eat everything any more. I wondered the secret, so I asked the dog trainer. He said, "Because she sees ⓐ _____ food in front of her, she has no reason to be (1) _____ about food." Now, I want to be a dog trainer and help other people with their problems with dogs.

*Maltese: 말티즈 (개의 한 종류)

15 글의 흐름상 빈칸 (1)에 공통으로 들어갈 알맞은 단어를 주어진 철자로 시작하여 쓰시오.

g					

16 글의 흐름상 빈칸 (2)에 들어갈 알맞은 단어를 쓰시오.

_____

17 글의 흐름상 빈칸 ⓐ에 들어갈 알맞은 단어를 아래의 영어 정의를 보고 쓰시오.

ⓐ _____ means having a sufficient amount of something.

_____

[18-20] 다음을 읽고 물음에 답하시오.

William lived with his wife, three sons, and three daughters in a small house. His children always complained about the small house. So, he went to a wise man in his village. His name was Edmund.

William: I need your help. I have a big family, but my house is too small.

Edmund: Do you (1) _____ animals?

William: Yes. I (1) _____ seven chickens and four goats.

Edmund: Good. Take all of chickens into your house and live with them.

(The next morning)

William: That was a (2) _____ idea. We couldn't sleep well.

Edmund: That's good. Today, take your goats into your house and live with them.

William: Are you serious? Hmm…. Ok. I'll do as you say.

(The next morning)

William: My house is full. The whole family couldn't sleep. It was too noisy.

William's sons: We couldn't even sit down to eat breakfast!

Edmund: Good. Now take all the animals out of your house.

(The next morning)

William: Edmund, a miracle happened! Yesterday, my children didn't make any complaints at all.

William's daughters: Now we feel uncomfortable.

Edmund: Happiness is relative. I wish all of you a happy life!

18 대화의 흐름상 빈칸 (1)에 공통으로 들어갈 알맞은 단어를 주어진 철자로 시작하여 쓰시오.

r				

19 대화의 흐름상 빈칸 (2)에 들어갈 알맞은 단어를 주어진 철자로 시작하여 쓰시오.

t						

20 대화의 흐름상 어색한 단어를 찾아 바르게 고치시오.

_____ → _____

MEMO

MEMO

시험에 나오는 서술형 유형 집중 공략

내신공략 중학영어

서술형

이용준 ◆ 이희완 지음

WorkBook

1

DARAKWON

시험에 나오는 서술형 유형 집중 공략

내공 중학영어

신 략

서술형

WorkBook

1

A 빈칸에 am, is, are 중 알맞은 것을 쓰시오.

01 We _____ at home.

02 These _____ your pencils.

03 I _____ very tired.

04 My phone _____ on the table.

05 The book _____ interesting.

B 빈칸에 was, were 중 알맞은 것을 쓰시오.

06 We _____ very late for class.

07 Emily and Peter _____ close friends last year.

08 He _____ sick yesterday.

09 These _____ my favorite books.

10 I _____ in New York last year.

C 우리말과 일치하도록 빈칸에 들어갈 be동사의 축약형을 쓰시오.

11 지난 일요일에는 날씨가 좋지 않았다.

→ The weather _____ nice last Sunday.

12 그들은 캐나다 출신이 아니다.

→ _____ not from Canada.

13 당신은 Sam의 영어선생님이 아닌가요?

→ _____ you Sam's English teacher?

14 그들은 경기 후에 피곤하지 않았다.

→ They _____ tired after the game.

15 나는 지금 배고프지 않다.

→ _____ not hungry now.

D 우리말과 일치하도록 빈칸에 들어갈 알맞은 단어를 쓰시오.
(빈칸 당 한 단어를 쓸 것 / 축약형도 한 단어로 볼 것)

16 A: _____ Jane sick yesterday? (Jane은 어제 아팠니?)

B: _____, she _____. (네, 그랬어요.)

17 A: _____ Stephen a basketball player? (Stephen은 농구선수니?)

B: _____, he _____. (네, 그래요.)

18 A: _____ Tom and Roy close friends? (Tom과 Roy는 친한 친구가 아니었지?)

B: _____, _____ _____. (응, 친한 친구가 아니었어.)

19 A: _____ you and Crystal high school students?

(너와 Crystal은 고등학생이니?)

B: _____, _____ _____. (아니요, 그렇지 않아요.)

20 A: _____ this book expensive? (그 책은 비싸지 않지?)

B: _____, _____ _____. (네, 비싸지 않아요.)

3

A ( ) 안의 동사를 현재형으로 쓰시오.

01 Jacob's book _____ a lot of useful information. (have)

02 Gary _____ going skiing in winter. (enjoy)

03 A butterfly _____ from flower to flower. (fly)

04 He _____ English grammar to his students. (teach)

05 David always _____ his umbrella in his bag. (carry)

06 Jacob _____ soccer every weekend. (play)

07 My father _____ computers well. (fix)

B 어법상 틀린 곳을 찾아 바르게 고치시오.

08 Does Sohee studies math every day?

_____ → _____

09 I drawed a heart on the paper.

_____ → _____

10 Do Chris get up early on weekends?

_____ → _____

11 The pink balloon flied up into the sky.

_____ → _____

12 Do your children go to school yesterday?

_____ → _____

13 My family planed an overseas trip.

_____ → _____

C 우리말과 일치하도록 ( ) 안의 단어를 활용하여 영어로 쓴 후, 의문문과 부정문으로 전환하시오.
(필요시 주어진 단어의 형태를 바꿀 것)

14 Isaac은 항상 최선을 다한다. (always, his best, do)

ⓐ [영어로] → _____

ⓑ [의문문] → _____

ⓒ [부정문] → _____

15 David는 그 빵을 반으로 잘랐다. (bread, cut, in half, the)

ⓐ [영어로] → _____

ⓑ [의문문] → _____

ⓒ [부정문] → _____

16 그는 잃어버린 열쇠를 정원에서 찾았다. (lost key, find, in the garden)

ⓐ [영어로] → _____

ⓑ [의문문] → _____

ⓒ [부정문] → _____

17 Yeri는 매일 수영 연습을 한다. (swimming, practice)

ⓐ [영어로] → _____

ⓑ [의문문] → _____

ⓒ [부정문] → _____

18 Amy는 그를 위해 선물을 가져왔다. (a gift, bring, for)

ⓐ [영어로] → _____

ⓑ [의문문] → _____

ⓒ [부정문] → _____

D 주어진 문장을 부정의문문으로 쓰고, 그에 대한 대답을 ( ) 안에 주어진 내용에 맞춰 쓰시오.

19 Jenny doesn't like coffee.

ⓐ [부정의문문] → _____

ⓑ [대답] → _____, _____ _____. (She drinks coffee every day.)

20 He didn't go to the party.

ⓐ [부정의문문] → _____

ⓑ [대답] → _____, _____ _____. (He was very busy.)

5

A 어법상 틀린 곳을 찾아 바르게 고치시오. (틀린 곳이 없으면 O표 하시오.)

01 Alice are playing the piano.

_____ → _____

02 He is not go to the store now.

_____ → _____

03 My friends won't going to the beach next weekend.

_____ → _____

04 The workers at the factory are eating lunch.

_____ → _____

05 The cat between the trees are sleeping.

_____ → _____

06 Are you going to the party?

_____ → _____

07 She will visiting her grandmother next month.

_____ → _____

08 Jason will not goes to the meeting.

_____ → _____

09 The dogs are bark loudly.

_____ → _____

10 The bus drivers is having a meeting.

_____ → _____

B 우리말과 일치하도록 ( ) 안의 단어를 바르게 배열하시오. (필요시 형태를 바꿀 것)

11 나는 지금 숙제를 하고 있다. (am, do, homework, I, my, now)

→ _____

12 그는 내일 공원에 갈 것이다. (go, he, park, the, to, will, tomorrow)

→ _____

13 우리는 저녁을 먹고 있지 않다. (are, dinner, have, not, we)

→ _____

14 그들은 지금 책을 읽고 있다. (are, books, now, read, they)

→ _____

15 나의 형은 그의 자전거를 고치고 있다. (is, my, his, brother, bicycle, fix)

→ _____

16 학생들은 도서관에서 공부하고 있었니? (students, the library, were, study, the, in)

→ _____

17 기차는 5분 뒤에 떠날 예정이다. (in five minutes, is, leave, the, going, train, to)

→ _____

18 그는 그 가방을 사지 않을 예정이다. (to, not, buy, bag, he, is, that, going)

→ _____

C 우리말과 일치하도록 〈조건〉에 맞게 영어로 쓰시오.

19 그는 다음 주에 시험을 볼 것이다.

조건   1. take, test, next week를 사용할 것
       2. 총 7단어의 문장으로 쓸 것

→ _____

20 그녀는 지금 노래를 부르고 있지 않다.

조건   1. sing, be를 사용할 것
       2. 총 5단어의 문장으로 쓸 것

→ _____

7

A can, may, have to와 ( ) 안에 주어진 말을 사용하여 문장을 완성하시오.

01 그녀는 저녁 식사 전에 숙제를 끝내야만 한다. (finish)

→ She _____ her homework before dinner.

02 그는 수영을 매우 잘할 수 있다. (swim)

→ He _____ very well.

03 비가 오기 때문에 그들은 밖에서 놀 수 없다. (play)

→ They _____ outside because it is raining.

04 버스가 제시간에 도착하지 않을지도 모른다. (arrive)

→ The bus _____ in time.

05 내가 네 카메라를 빌릴 수 있을까? (borrow)

→ _____ your camera?

06 우리는 지난밤 일찍 떠나야 했다. (leave)

→ We _____ early last night.

07 그녀는 스페인어를 할 수 있니? (speak)

→ _____ Spanish?

08 너는 자전거를 탈 때 헬멧을 써야만 한다. (wear)

→ You _____ a helmet when you ride a bike.

09 그녀는 지금 집에 있을 리 없다. (be)

→ She _____ at home now.

10 그는 설탕을 너무 많이 먹으면 안 된다. (eat)

→ He _____ too much sugar.

B 우리말과 일치하도록 ( ) 안의 단어를 바르게 배열하시오. (필요시 형태를 바꿀 것)

11 너는 여기에 있을 필요가 없다. (have, be, to, here, don't, you)

→ _____

12 너는 지금 바로 떠나야 한다. (must, you, leave, now, right)

→ _____

13 우리는 티켓 값을 지불할 필요가 없었다. (don't, the, we, pay for, have, tickets, to)

→ _____

14 나는 이 문제를 풀 수 없었다. (able, solve, be, to, this, I, not, problem)

→ _____

15 너는 건강을 위해 운동해야 한다. (exercise, health, should, you, your, for)

→ _____

16 우리는 방과 후에 도서관에 가야 할까? (go, after school, should, to, we, the library)

→ _____

17 너는 복도에서 뛰면 안 된다. (the hallway, not, you, run, must, in)

→ _____

18 그들은 작년에 시험에 합격할 수 있었다. (the exam, able, pass, last year, they, be, to)

→ _____

C 우리말과 일치하도록 〈조건〉에 맞게 영어로 쓰시오.

19 그는 여행 전에 그의 자전거를 고쳐야 한다.

> 조건   1. fix, bike, the trip을 쓸 것
>   2. 총 8단어의 문장으로 쓸 것

→ _____

20 우리는 이번 주말에 영화 보러 갈 수 있다.

> 조건   1. go, the movies, this weekned를 사용할 것
>   2. 총 8단어의 문장으로 쓸 것

→ _____

A 어법상 틀린 곳을 찾아 바르게 고치시오. (틀린 곳이 없으면 O표 하시오.)

01 The boy is moving the boxs.

_____ → _____

02 Jennifer drank an orange juice.

_____ → _____

03 Many mouses are running around the house.

_____ → _____

04 There is many apples on the tree.

_____ → _____

05 He himself cleaned the kitchen.

_____ → _____

06 She needs some informations about the topic.

_____ → _____

07 The childrens are playing in the park.

_____ → _____

08 He found the solution hisself.

_____ → _____

09 These book on the desk are her. (두 군데)

_____ → _____

_____ → _____

10 It is raining heavily outside.

_____ → _____

B 우리말과 일치하도록 ( ) 안의 단어를 바르게 배열하시오.

11 그 남자는 공원에서 그의 친구들을 만난다. (the man, friends, meets, the park, in, his)

→ _____

12 테이블 위에 사과가 있다. (apple, is, there, table, the, an, on)

→ _____

13 그녀는 많은 물을 마신다. (lot, of, drinks, a, water, she)

→ _____

14 Jennifer는 우리의 좋은 친구이다. (friend, is, of, Jennifer, ours, a, good)

→ _____

15 그녀는 가구 두 점을 샀다. (furniture, bought, pieces, she, of, two)

→ _____

16 물을 좀 마실 수 있을까요? (have, water, could, I, some)

→ _____

17 Cathy는 주말에 아무 계획도 없다. (have, for, Cathy, any, the weekend, doesn't, plans)

→ _____

18 그는 레모네이드 세 잔을 가져왔다. (three, he, of, brought, lemonade, glasses)

→ _____

C 우리말과 일치하도록 〈조건〉에 맞게 영어로 쓰시오.

19 뒷마당에 개 두 마리가 있다.

> 조건 1. there, backyard를 사용할 것
> 2. 총 7단어의 문장으로 쓸 것

→ _____

20 지금 5시이다.

> 조건 1. it, o'clock을 사용할 것
> 2. 총 5단어의 문장으로 쓸 것

→ _____

11

06 형용사와 부사

A 어법상 틀린 곳을 찾아 바르게 고치고 문장을 다시 쓰시오.

01 The teacher explains the lesson clear.

→ _____

02 There are much cars on the road.

→ _____

03 The restaurant has little customers today.

→ _____

04 She folded the letter careful.

→ _____

05 The chef cooks the food very good.

→ _____

06 There are a lot of information in the book.

→ _____

07 The baby fell sleeping in her mother's arms.

→ _____

08 The bus always is late during rush hour.

→ _____

09 I heard strange something in the kitchen last night.

→ _____

10 There aren't few people in the library today.

→ _____

11 The car is moving fastly.

→ _____

12 We need a few more time.

→ _____

B 빈칸에 들어갈 알맞은 말을 〈보기〉에서 골라 문장을 완성하시오.

| 보기 | high | highly | hard | hardly | near | nearly |

13 I can _____ hear you because of the noise.

14 She is a _____ skilled doctor.

15 He _____ fell asleep during the boring movie.

16 The mountain is very _____.

17 The park is _____ my house, so I go there often.

18 Chris worked _____ all day.

C 우리말과 일치하도록 〈조건〉에 맞게 영어로 쓰시오.

19 우리는 저녁 전에 쿠키 몇 개를 먹었다.

조건	1. 〈보기〉의 단어 중 필요한 것만 골라 쓸 것
	2. 필요시 형태를 바꿀 것
	3. 7단어로 쓸 것

| 보기 | before | we | eat | cookie |
| | a little | a few | little | few | dinner |

→ _____

20 그는 주말에 늦게 자는 버릇이 있다.

조건	1. 〈보기〉의 단어 중 필요한 것만 골라 쓸 것
	2. 필요시 형태를 바꿀 것
	3. 11단어로 쓸 것

| 보기 | late | he | a habit of | on weekends |
| | have | going to bed | lately |

→ _____

13

A 어법상 틀린 곳을 찾아 바르게 고치시오. (틀린 곳이 없으면 O표 하시오.)

01 The car is more fast than the bike.

_____ → _____

02 She is as not tall as her brother.

_____ → _____

03 His argument is strongly than her. (두 군데)

_____ → _____

_____ → _____

04 He is the most tallest in the class.

_____ → _____

05 The weather is hotter than yesterday.

_____ → _____

06 Among all the subjects, history is the more interesting to me.

_____ → _____

07 She sings as beautiful as a nightingale.

_____ → _____

08 This book is very thicker than the other one.

_____ → _____

09 This painting is as old as that one.

_____ → _____

10 He answered as honest as he can in the interview yesterday. (두 군데)

_____ → _____

_____ → _____

B 괄호 안의 단어를 비교급과 최상급 중 알맞은 형태로 바꿔 문장 전체를 다시 쓰시오.

11 He achieved (high) score in the competition.

→ _____

12 The new laptop is (heavy) than my old one.

→ _____

13 This is (big) building in the city.

→ _____

14 This puzzle is (simple) than the last one.

→ _____

C 우리말과 일치하도록 ( ) 안의 단어를 바르게 배열하시오.

15 이 집은 그 집만큼 크다. (as, house, big, is, this, as, that, house)

→ _____

16 우리는 가능한 한 멀리 여행했다. (as, traveled, far, we, as, possible)

→ _____

17 이 셔츠는 내 것보다 훨씬 더 비싸다. (than, more, this, expensive, much, mine, shirt, is)

→ _____

18 오늘 날씨는 어제만큼 따뜻하지 않다.

(as, is, so, the, warm, was, weather today, not, it, yesterday)

→ _____

19 Chris는 그 문제를 가능한 명확하게 설명했다.

(clearly, could, the problem, as, Chris, he, as, explained)

→ _____

20 Danny는 셋 중에서 가장 똑똑한 학생이다. (the three, smartest, Danny, the, student, is, of)

→ _____

15

A 어법상 틀린 곳을 찾아 바르게 고치시오. (틀린 곳이 없으면 O표 하시오.)

01 My father made a chair to me.

_____ → _____

02 Sam found the movie sadly.

_____ → _____

03 The sun rose slow in the east.

_____ → _____

04 This perfume smells roses.

_____ → _____

05 She turned graceful on the ice rink.

_____ → _____

06 We elected Juliuss new leader of our group.

_____ → _____

07 Mr. Lee always makes his decisions careful.

_____ → _____

B 빈칸에 공통으로 들어갈 알맞은 단어를 쓰시오.

08
- My father works _____ ABC bank.
- Susan cooked a nice meal _____ her family.

_____

09
- I'm proud _____ my grades this semester.
- She asked a difficult question _____ him.

_____

10
- I usually work from 9 a.m. _____ 5 p.m.
- You should send an email _____ your teacher.

_____

C 빈칸에 들어갈 알맞은 단어를 〈보기〉에서 골라 문장을 완성하시오.

보기	easily	easy	happy	a doll

11 I found the test _____.

12 The baby looks like _____.

13 The girl looks _____ with the new doll.

14 Amy found the restaurant _____.

D 우리말과 일치하도록 ( ) 안의 단어를 활용하여 문장을 완성하시오.

15 그녀는 그녀의 정원을 일 년 내내 아름답게 유지한다. (keep, beautiful)

→ She _____ all year round.

16 Emily는 무서운 영화를 보았다. 그녀의 얼굴이 하얗게 변했다. (turn)

→ Emily watched a scary movie. _____.

17 David는 그의 어머니께 장미 한 송이를 드렸다. 그것이 그녀를 행복하게 했다. (to, give / make)

→ David _____. It _____.

18 그가 아이를 구한 후 모든 사람들이 그를 영웅이라고 불렀다. (hero, call)

→ Everyone _____ after he saved the child.

19 Cathy는 돌아왔을 때 방이 지저분하다는 것을 알게 되었다. (find, messy)

→ Cathy _____ when she returned.

20 하늘이 갑자기 어두워졌다. (sudden, turn)

→ The sky _____ dark.

A 어법상 틀린 부분을 찾아 바르게 고치고 문장을 다시 쓰시오.

01 What does the dog wants to eat?

→ _____

02 Which is the person responsible for this project?

→ _____

03 Which color are you like the most?

→ _____

04 When do the next train arrive at the station?

→ _____

05 Where did the children played yesterday?

→ _____

06 Please to bring your books to class tomorrow.

→ _____

07 Let's going to the park this afternoon.

→ _____

08 What a beautiful garden is it!

→ _____

09 This cake is really delicious, is it?

→ _____

10 Tom doesn't enjoy music, does Tom?

→ _____

B 우리말과 일치하도록 ( ) 안의 단어를 바르게 배열하시오. (필요시 콤마를 쓸 것)

11 Roy는 운전을 할 줄 알아, 그렇지 않니? (he, drive, Roy, can, can't)

→ _____

12 석양이 정말 아름답구나! (is, the, how, sunset, beautiful)

→ _____

13 문을 닫아라, 그러면 방이 따뜻하게 유지될 것이다.

(will, the door, warm, the room, close, and, stay)

→ _____

14 지금 점심을 먹어라, 그렇지 않으면 배가 고플 것이다.

(will, now, you, be, have, lunch, or, hungry)

→ _____

15 탁자 위에 있는 이 책은 누구의 것이니? (is, the table, whose, this, book, on)

→ _____

16 정원의 꽃은 누가 돌보니? (in, care of, the garden, who, takes, the flowers)

→ _____

C 괄호 안에 주어진 단어를 활용하여 대화를 완성하시오.

17
A: _____ _____ _____ _____

_____ _____ _____? (kind, movies, like)

B: I enjoy action movies the most.

18
A: _____ _____ _____ _____

_____? (that building, tall)

B: It's about 50 stories high.

19
A: _____ _____ _____ _____

_____ _____? (answer, my call)

B: My phone battery died.

20
A: _____ _____ _____ _____

_____ _____? (my car, park, can)

B: There's a parking lot behind this building.

10 to부정사

A 어법상 틀린 부분을 찾아 바르게 고치고 문장을 다시 쓰시오.

01 Tom wants to playing soccer after school.

→ _____

02 This is important to follow the rules.

→ _____

03 We decided to not go to the theater.

→ _____

04 I need something to do exciting this weekend.

→ _____

05 Her goal is to becomes a basketball player.

→ _____

06 I want to learn how cook Korean food.

→ _____

07 I'm looking for a comfortable chair to sit.

→ _____

08 The water is warm enough swimming in.

→ _____

09 She is to tired too go out tonight.

→ _____

10 To make travel plans are difficult.

→ _____

B 우리말과 일치하도록 ( ) 안에 주어진 단어를 바르게 배열하시오.

11 그녀는 신을 운동화 한 켤레를 샀다. (sneakers, bought, to, she, a pair of, wear)

→ _____

12 그녀는 파티에서 친구들을 만나서 기뻤다. (happy, the party, her friends, she, at, to, was, see)

→ _____

13 Tim은 기타를 사기 위해 돈을 저축했다. (buy, Tim, money, to, a guitar, saved)

→ _____

14 우리는 우리를 위해 성실히 일할 누군가가 필요하다.

(diligent, for us, need, to, we, someone, work)

→ _____

15 나는 꽃을 심을 장소를 찾고 있다. (looking for, flowers, a place, I'm, to, plant)

→ _____

16 Tom은 함께 이야기를 나눌 조언자를 고용했다. (an advisor, with, hired, to, Tom, talk)

→ _____

17 내 취미는 새로운 장소로 여행하는 것이다. (to, hobby, travel to, places, my, is, new)

→ _____

C 우리말과 일치하도록 〈조건〉에 맞게 영어로 쓰시오.

18 거북이는 알을 낳을 장소를 발견했다.

> 조건   1. its, find, a place, lay를 사용할 것
> 2. 필요시 형태를 바꿀 것

→ The turtle _____ .

19 Sam은 그의 요리 기술을 향상시킬 유용한 무언가를 샀다.

> 조건   1. useful, improve, -thing을 사용할 것
> 2. 필요시 형태를 바꿀 것

→ Sam bought _____ his cooking skills.

20 그녀는 그 콘서트에 가지 않기로 결정했다.

> 조건   1. go, decide, the concert를 사용할 것
> 2. 필요시 형태를 바꿀 것

→ She _____ .

A 우리말과 일치하도록 ( ) 안의 단어와 〈보기〉의 단어를 활용하여 문장을 완성하시오.

| 보기 | consider | compose | plan | read | fix | eat |

01 그는 오래된 컴퓨터를 고치는 것을 포기했다. (give up)

→ He _____ _____ _____ the old computer.

02 그의 조언은 고려할 가치가 있다. (worth)

→ His advice _____ _____ _____ .

03 나는 역사 소설을 읽는 것에 관심이 있다. (interest)

→ I'm _____ _____ _____ historical novels.

04 Brian은 건강을 유지하기 위해 정크푸드 먹는 것을 피한다. (avoid)

→ Brian _____ _____ junk food to stay healthy.

05 Roy는 여름휴가를 계획하느라 바쁘다. (busy)

→ Roy _____ _____ _____ his summer vacation.

06 그는 작곡에 능숙하다. (good at)

→ He _____ _____ _____ _____ songs.

B 어법상 틀린 곳을 찾아 바르게 고치시오. (틀린 곳이 없으면 O표 하시오.)

07 Watching movies are a good way to relax.

_____ → _____

08 Mary enjoys try new recipes on weekends.

_____ → _____

09 James loves running in the early morning.

_____ → _____

10 Wendy is looking forward to start her new job.

_____ → _____

11 John can't help worry about his upcoming exam.

_____ → _____

12 The doctor suggested to take a break to avoid burnout.

_____ → _____

13 Michael spends too much time to play video games.

_____ → _____

C 우리말과 일치하도록 ( ) 안의 단어를 바르게 배열하시오. (필요시 형태를 바꿀 것)

14 우리는 방과 후에 쇼핑하러 갈 계획이다. (to, we, shop, after school, go, plan)

→ _____

15 나는 항상 사람들의 이름을 기억하는 데 어려움을 겪는다.

(have, people's, I, always, names, trouble, remember)

→ _____

16 나는 지금은 산책하고 싶지 않다. (feel, go, now, I, don't, like, for a walk)

→ _____

17 그들은 유럽을 여행하며 휴가를 보냈다. (travel around, their, Europe, they, vacation, spend)

→ _____

18 그 박물관은 두 번 방문할 가치가 있다. (worth, the museum, twice, visit, is)

→ _____

19 우리 부모님은 새 집으로 이사하는 것을 고대하고 계신다.

(are, to, my, looking, new house, parents, move into, forward, the)

→ _____

20 Jessica는 시험 전에 긴장하지 않을 수 없었다.

(feel, help, nervous, Jessica, before, couldn't, her exams)

→ _____

A 어법상 틀린 부분을 찾아 바르게 고쳐 문장을 다시 쓰시오.

01 A cat is sleeping in the sofa.

→ _____

02 The school bus arrives in 8.

→ _____

03 We have a meeting in Monday.

→ _____

04 They went to the park and play soccer.

→ _____

05 Jennifer lived in France during 5 years.

→ _____

06 I won't go to the park unless it doesn't stop raining.

→ _____

07 That she got good grades are surprising.

→ _____

08 Amy likes to travel, but dislike long flights.

→ _____

B 우리말과 일치하도록 빈칸에 들어갈 알맞은 전치사 또는 접속사를 쓰시오.

09 나는 네가 돌아올 때까지 여기에서 기다릴 거야.

→ I will wait here _____ you come back.

10 공휴일이었기 때문에 도서관은 문을 닫았다.

→ The library was closed _____ it was a holiday.

11 그 동상은 시청 앞에 자랑스럽게 서있다.

→ The statue stands proudly _____ the city hall.

12 Tiffany는 긴장했음에도 훌륭한 발표를 했다.

→ _____ Tiffany was nervous, she gave a great presentation.

13 그들은 옷장 뒤에서 오래된 그림을 발견했다.

→ They found an old painting _____ the closet.

C 우리말과 일치하도록 ( ) 안의 단어를 바르게 배열하시오. (전치사나 접속사를 추가할 것)

14 나는 아침에 일찍 일어난다. (I, up, wake, early, the morning)

→ _____

15 Gary가 마라톤을 완주했다는 것이 인상적이다. (Gary, the marathon, impressive, finished, is)

→ _____

16 Peter는 나무 아래에서 낮잠을 잤다. (a, took, Peter, the tree, nap)

→ _____

17 날씨가 춥지만 Jenny는 밖에서 운동해야 한다. (it, has to, outside, cold, work out, Jenny, is)

→ _____

18 우리는 극장에 가거나 집에서 영화를 볼 수 있다.

(to, can, we, a movie, the theater, go, watch, at home)

→ _____

19 문제는 그녀가 휴대폰을 잃어버렸다는 것이다. (she, the problem, phone, lost, is, her)

→ _____

20 역에 도착하면 내가 너에게 전화할게. (you, the station, I, arrive at, will, I, call)

→ _____

Memo

Memo

내공 신공략 중학영어

서술형

1

시험에 나오는 서술형 유형 집중 공략

내공 중학영어

신 공략

서술형

이용준 · 이희안 지음

정답 및 해설

1

DARAKWON

시험에 나오는 서술형 유형 집중 공략

내공 중학영어

서술형

정답 및 해설

1

CHAPTER 01 be동사

Point 01 be동사의 현재형, 과거형

A

1 am	2 was	3 are
4 are	5 were	6 is
7 are	8 were	9 is
10 is		

B

1 is	2 was	3 were
4 is	5 are	6 were
7 are	8 was	9 are
10 were		

[해석]

1 한국은 일본과 중국 사이에 있다.
2 나는 어제 매우 행복했다.
3 Tiffany와 나는 지난밤에 공원에 있었다.
4 영어는 이제 세계적인 언어이다.
5 우리는 지금 집에 있다.
6 컴퓨터는 30년 전에 비쌌다.
7 Jacob은 키가 커서, 그의 두 아들들도 또한 키가 크다.
8 그는 10년 전에 날씬했었다.
9 이 선생님은 한국 출신이고, Kelly와 Jenny는 캐나다 출신이다.
10 그들은 1년 전에 초등학교 학생들이었다.

Point 02 be동사의 부정문과 축약형

A

1 are not	2 She's	3 were not
4 You're	5 I'm not	6 weren't
7 is not	8 isn't	

B

1 They're not Americans. / They aren't Americans.
2 He's not from France. / He isn't from France.
3 You weren't a member of our club.
4 Issac and Jacob aren't brothers.
5 It's not true. / It isn't true.
6 Math isn't an interesting subject.
7 That's not my pencil case. / That isn't my pencil case.
8 This isn't his favorite hat.

[해석]

1 그들은 미국인이다.
2 그는 프랑스 출신이다.

3 너는 우리 클럽의 회원이 아니었다.
4 Issac과 Jacob은 형제이다.
5 그것은 사실이다.
6 수학은 흥미로운 과목이다.
7 저것은 내 필통이다.
8 이것은 그가 가장 좋아하는 모자이다.

Point 03 be동사의 의문문과 대답

A

1 Are you / Yes, I am	2 Am I / Yes, you are
3 Is it / No, it isn't	4 Is John / No, he isn't
5 Are they / Yes, they are	6 Were you / No, I wasn't

B

1 Isn't it time for lunch? / Yes, it is
2 Aren't they middle school students? / No, they aren't
3 Weren't her babies noisy? / No, they weren't
4 Isn't Tom interested in English? / Yes, he is
5 Isn't the store open today? / No, it isn't
6 Aren't we late for the party? / No, we aren't

[해석]

1 지금은 점심시간이 아니다.
2 그들은 중학생이 아니다.
3 그녀의 아기들은 시끄럽지 않았다.
4 Tom은 영어에 흥미가 없다.
5 그 상가는 오늘 문을 열지 않는다.
6 우리는 파티에 늦지 않았다.

시험에 나오는 서술형

01 was, She's
last year는 과거 시간이므로 was가 적절하고, now는 현재 시간이므로 현재시제가 적절한데, She is를 한 단어로 써야 하므로 She's가 알맞다.
[해석] Emily는 작년에 13살이었다. 그녀는 이제 14살이다.

02 wasn't, was
작년에 좋아했던 과목에 대한 내용이므로 빈칸에는 모두 be동사의 과거형을 써야 한다. 주어가 3인칭 단수이므로 was를 사용하여 쓴다.
[해석] Emily가 작년에 가장 좋아했던 과목은 영어가 아니었다. 그것은 과학이었다.

03 weren't, They're
Sophia와 Emma는 올해 같은 반 친구들이므로, 첫 번째 빈칸에는 were not의 축약형인 weren't를, 두 번째 빈칸에는 They are의 축약형인 They're를 써야 한다.
[해석] Sophia와 Emma는 작년에 Emily와 같은 반이 아니었다. 그들은 올해 새로운 반 친구들이다.

04 were, aren't
예진과 지원은 작년에 Emily와 같은 반 친구들이었으므로, 첫 번째 빈칸에는 are의 과거형 were를, 두 번째 빈칸에는 are not의 축약형 aren't가 와야 한다.

해석 예진과 지원은 작년에 Emily와 같은 반이었다. 그들은 올해 반 친구들이 아니다.

05 were
두 문장의 주어가 모두 복수이며, 두 번째 문장에 last night이라는 과거 시간부사가 있으므로, are의 과거형인 were가 적절하다.

해석 • Jin과 Kevin은 도서관에 있었다.
• 우리는 지난밤에 매우 배가 고팠다.

06 aren't
두 문장의 주어가 모두 복수이며, 두 번째 문장의 내용상 부정문이 되어야 하므로, aren't를 써야 한다.

해석 • 이 사탕들은 달지 않다.
• 바나나는 빨갛지 않다. 그것들은 노랗다.

07 He's
두 문장의 주어가 모두 3인칭 단수이므로 뒤에 이어지는 문장에서 주어는 대명사 He로 시작해야 한다. 문맥상 동사의 시제가 현재이고 빈칸이 하나이므로 He is의 축약형인 He's를 쓰는 것이 적절하다.

해석 • Jacob은 교사이다. 그는 의사가 아니다.
• 아버지는 집에 계시지 않다. 그는 지금 그의 사무실에 계신다.

08 Aren't[aren't]
주어가 복수이며 대화의 흐름상 부정 표현이 들어가야 적절하므로, are not의 축약형인 aren't를 쓰는 것이 적절하다.

해석 A: 그 책들은 비싸지 않니?
B: 응, 비싸지 않아. 그것들은 매우 저렴해.

09 (1) were   (2) wasn't
(1) yesterday는 과거이고 주어가 복수이므로 be동사의 과거 복수형 were가 적절하다.
(2) 고양이가 아니라 개와 함께 있었으므로 was not의 축약형 wasn't를 써야 한다.

해석 (1) Irene과 나는 어제 공원에 있었다.
(2) Irene은 그녀의 고양이와 함께 있지 않았다. 그녀는 그녀의 개와 함께 있었다.

10 (1) aren't   (2) It's
(1) 모두 환하게 웃고 있는 표정이므로 '슬프지 않다'라는 부정 표현을 써야 한다. are not의 축약형 aren't가 적절하다.
(2) 고양이를 가리키므로 It is의 축약형인 It's가 적절하다.

해석 (1) 우리 가족은 오늘 집에 있다. 우리는 슬프지 않다. 우리는 매우 행복하다.
(2) 이것은 내 고양이, Mio이다. 나는 내 고양이를 좋아한다.

11 Olivia and I are at the museum.
주어가 복수인 Olivia and I로 바뀌므로 동사도 are로 바꿔야 한다.

해석 Olivia는 박물관에 있다.
→ Olivia와 나는 박물관에 있다.

12 My dog was sick last night.
last night은 과거 시간이므로 is를 과거시제인 was로 바꿔야 한다.

해석 내 개는 지금 아프다.
→ 내 개는 지난밤에 아팠다.

13 My bag isn't heavy.
축약형을 포함한 부정문이므로 is not을 isn't로 써야 한다.

해석 내 가방은 무겁다.
→ 내 가방은 무겁지 않다.

14 Wasn't she angry yesterday?

yesterday는 과거 시간이므로 was를 써야 하며, 부정의문문으로 쓰려면 Wasn't로 시작해야 한다.

해석 그녀는 지금 화가 나 있다.
→ 그녀는 어제 화나지 않았지?

15 Yes, is
B의 뒷부분으로 보아 현재 날씨가 좋다는 것을 알 수 있으므로 현재 시점의 긍정적인 답변이 적절하다.

해석 A: 바깥 날씨가 좋니?
B: 어, 그래. 지금 햇살이 비춰.

16 I, am
질문에 대한 답변이 Yes로 시작하므로 뒤에 이어지는 표현은 I am이 적절하다.

해석 A: 너는 새 직장에 만족하니?
B: 응, 그래. 그것은 매우 흥미로워.

17 I, wasn't
답변이 No로 시작하므로 뒤에 오는 동사도 be동사의 부정형이 되어야 한다. 주어가 I이며 과거시제가 되어야 하므로 wasn't가 적절하다.

해석 A: 너는 지난밤에 교회에 있었니?
B: 아니, 그렇지 않았어.

18 No, they, aren't
대화의 내용상 서로 친한 친구가 아니므로, 부정 답변으로 대답하는 것이 자연스럽다. 주어가 복수이므로 답변의 주어는 they로 써야 한다.

해석 A: Tom과 Bryan은 친한 친구이니?
B: 아니, 그렇지 않아. Tom은 Bryan을 싫어해.

19 (1) are   (2) he's   (3) They're
(1) 주어가 복수이며 현재 상태를 나타내므로 are가 적절하다.
(2) His leg와 His name을 통해 개를 He로 지칭해야 함을 알 수 있다. He is의 축약형인 He's가 적절하다.
(3) 빈칸 뒤에 friends라는 복수명사가 있으므로 개와 고양이 모두를 지칭함을 알 수 있다. They are의 축약형인 They're이 적절하다.

해석 A: 와! 너의 개 정말 귀엽다!
B: 고마워. 그의 이름은 Coco야.
A: 다리가 짧지만, 정말 빠르구나.
B: 별명이 우사인 볼트야.
A: 너의 고양이도 귀여워!
B: 고양이 이름은 Ruby야. 그들은 내 최고의 친구들이야.

20 (1) It's   (2) No, he, isn't   (3) He's   (4) is
(1) this picture를 지칭하므로 It is의 축약형인 It's가 적절하다.
(2) 대화의 내용상 부정 답변이 적절하다. your father가 3인칭 단수이므로 답변의 주어 자리에 he를 써야 한다.
(3) 빈칸이 하나이므로 He is의 축약형인 He's를 써야 한다.
(4) 주어가 you가 아닌 the man이므로 단수 동사 is가 적절하다.

해석 A: 이 사진 좀 봐. 이건 우리 가족사진이야.
B: 흠.... 이 분이 너의 아버지니?
A: 아니, 그렇지 않아. 그는 내 삼촌이야.
B: 정말? 그러면 이 분이 너의 아버지니?
A: 아니. 아빠는 그렇게 키가 크지 않아.
B: 오, 그러면 네 옆에 있는 남자가 너의 아버지구나!
A: 맞아.

21 ⓐ am → are ⓑ This's → This is ⓔ is → was
ⓐ 주어가 복수이므로 am을 are로 고쳐야 한다.
ⓑ This is는 축약형이 없으므로 그대로 This is로 써야 한다.
ⓔ two hours ago가 과거를 나타내므로 is를 was로 고쳐야 한다.

해석 ⓐ David와 나는 피곤하지 않다.

ⓑ 이것은 내가 가장 좋아하는 식당이다.
ⓒ 이것이 시청으로 가는 버스입니까?
ⓓ 케이크가 달았나요?
ⓔ Peter는 두 시간 전에 여기 있었다.

22 ⓐ amn't → am not[I'm not] ⓑ are → is
　　ⓒ He're → He's[He is]　　ⓓ Are → Were
ⓐ am not의 줄임말은 없다.
ⓑ 주어가 3인칭 단수이므로 are를 is로 고쳐야 한다.
ⓒ He is의 줄임말은 He's이다.
ⓓ last birthday는 과거 시점이므로 Are를 Were로 고쳐야 한다.
해석 ⓐ 나는 14살이 아니다.
　　ⓑ 내 친구인 Kelly는 금발이다.
　　ⓒ 그는 영리한 학생이다.
　　ⓓ 너는 지난 네 생일에 행복했니?
　　ⓔ 남산 타워는 서울에 있다.

23 Yes, I am
뒤에 이어지는 말로 보아 영화에 흥미가 있음을 알 수 있다. 긍정의 답변이므로 Yes, I am이 적절하다.

24 was the movie 'Coco' funny to you?
주어가 the movie이므로 be동사는 is의 과거형인 was가 되어야 한다. 의문문이므로 was를 문장 맨 앞에 쓰고, 문장 맨 뒤에 반드시 물음표를 써야 함에 유의한다.
해석 A: 너는 영화에는 흥미가 없지?
　　B: 아니야, 흥미가 있어. 난 우리 학교 영화동아리 회원인걸.
　　A: 정말? 그럼, 영화 '코코'는 너한테 재미있었니?
　　B: 응, 그랬어. 그 이야기는 정말 놀라웠어.

25 (1) It's　(2) is　(3) aren't
(1) 주어는 캐나다를 지칭하는 It이 와야 하고 동사는 is가 와야 하므로 축약형 It's가 알맞다.
(2) 주어가 Wendy이고 현재 상태를 나타내므로 is가 적절하다.
(3) 주어가 they이고 내용상 부정문이 되어야 하므로 are not의 축약형인 aren't가 적절하다.
해석 안녕. 나는 캐나다에서 온 Wendy야. 캐나다는 아름다운 호수와 산을 가지고 있어. 나는 프랑스어와 영어 모두에 능숙해. 나는 작년에 한국에 왔어. 한국인들은 친절해서 나는 그들이 좋아. 나는 K-pop에 흥미가 있어.
(1) 캐나다는 아름다운 자연을 가지고 있다. 그것은 아름다운 호수와 산으로 유명하다.
(2) Wendy는 프랑스어와 영어에 모두 능숙하다.
(3) Wendy는 한국인들이 예의 없거나 무례하지 않기 때문에 그들을 좋아한다.

CHAPTER 02 일반동사

Point 04 ▷ 일반동사의 현재형, 과거형

A

1 throws	2 teaches	3 has
4 cries	5 goes	6 fixes
7 tries	8 wash	

B

1 carried	2 cooked	3 moved

4 studied	5 stopped	6 jogged
7 stayed	8 planned	

Point 05 ▷ 일반동사의 불규칙 과거형

A

1 became	2 lost	3 taught
4 wrote	5 met	6 thought
7 cut	8 fell	9 caught
10 drove		

B

1 finded → found	2 shutted → shut
3 O	4 knowed → knew
5 O	6 losed → lost
7 putted → put	8 grown → grew
9 tought → taught	10 rised → rose

해석
1 Betty는 침대 밑에서 그녀의 반지를 찾았다.
2 그는 책을 덮고 잠자리에 들었다.
3 Joy는 지난 토요일에 티셔츠를 샀다.
4 그녀는 그 문제의 답을 알고 있었다.
5 나는 슬픈 소식을 들어서 마음이 아팠다.
6 나는 버스에서 우산을 잃어버렸다.
7 Jackson은 방금 전에 그의 책을 탁자 위에 놓았다.
8 모차르트는 오스트리아에서 태어나 그곳에서 자랐다.
9 Jacob은 수학 선생님이었다. 그는 10년 동안 수학을 가르쳤다.
10 어제, 태양이 아침 일찍 떠올랐다.

Point 06 ▷ 일반동사의 부정문, 의문문

A

1 He arrived at the hotel late at night. /
　Did he arrive at the hotel late at night?
2 Jake speaks English. / Does Jake speak English?
3 Susan bought the book. / Susan didn't buy the book.
4 They meet Mr. Kim every week. /
　Do they meet Mr. Kim every week?
5 Joy goes to school by bus. /
　Joy doesn't go to school by bus.
6 He sent the letter. / Did he send the letter?

B

1 Didn't Jacob visit his cousin? / No, he didn't
2 Didn't Jina buy pencils and notebooks? /
　No, she didn't
3 Don't you live in Yangju? / Yes, I do
4 Didn't I make a mistake? / No, you didn't

해석
1 Jacob은 그의 사촌을 방문했다.
　→ Jacob은 그의 사촌을 방문하지 않았지?
　→ 응, 방문하지 않았어. 그는 그의 아버지를 방문했어.
2 지나는 연필과 공책을 샀다.
　→ 지나는 연필과 공책을 사지 않았지?
　→ 응, 사지 않았어. 그녀는 지우개만 샀어.

3 너는 양주에 산다.
→ 너는 양주에 살지 않니?
→ 아니, 그렇지 않아. 나는 양주에 살아.

4 나는 실수를 했다.
→ 내가 실수하지 않았니?
→ 응, 그렇지 않았어. 넌 실수하지 않았어.

시험에 나오는 서술형

01 likes
주어가 3인칭 단수이고 현재시제이므로 likes로 쓴다.

02 flew
fly는 불규칙동사로 과거형은 flew이다.

03 planned
plan은 「단모음+단자음」으로 끝나는 동사이므로 과거형으로 쓸 때 자음을 한 번 더 써야 한다.

04 went, watched, studied
지난 주말은 과거시점이므로 모든 동사를 과거시제로 써야 한다.
해석 지난 주말에 지나는 오전 10시에 교회에 갔다. 예배 후에는 친구들과 영화를 봤다. 저녁에는 영어공부를 했다.

05 goes, comes, reviews
주어가 3인칭 단수이고, 평일 일과를 나타내므로 현재시제로 써야 한다.
해석 평일에 지나는 오전 7시에 학교에 가고, 오후 5시에 집에 돌아와서 밤 9시에 학교 수업을 복습한다.

06 He wrote a story about dragons.
write의 과거형인 wrote를 사용하여 문장을 완성한다.

07 The book fell from the bookshelf.
fall의 과거형인 fell을 사용하여 문장을 완성한다.

08 Yes, I do
'Do you ~?'에 대한 긍정의 대답은 Yes, I do.이다.
해석 A: 너는 남자 형제가 있니?
B: 응, 그래. 나는 남동생 한 명이 있어.

09 (1) Did, win   (2) Yes, did, won
(1) 과거시제의 일반동사 의문문은 「Did+주어+동사원형 ~?」으로 쓴다.
(2) 위 질문에 대한 긍정의 대답은 「Yes+주어+did」로 쓴다. win의 과거형은 won이다.
해석 (1) A: James는 어제 경기에서 우승했니?
(2) B: 응, 그랬어. 그는 1등상을 받았어.

10 Jenny often loses her umbrella.
주어가 3인칭 단수이고 현재시제이므로 lose를 loses로 써야 한다.
해석 나는 우산을 자주 잃어버린다.
→ Jenny는 우산을 자주 잃어버린다.

11 Does Tony practice the piano?
주어가 3인칭 단수인 현재시제의 의문문은 「Does+주어+동사원형 ~?」으로 쓴다.
해석 Tony는 피아노를 연습했다.
→ Tony는 피아노를 연습하니?

12 Didn't Jisu draw a picture last night?
일반동사 과거시제의 부정의문문은 「Didn't+주어+동사원형 ~?」으로 쓴다.
해석 지수는 그림을 그린다.

→ 지수는 지난밤에 그림을 그리지 않았지?

13 No, he didn't
일반동사 과거시제의 의문문에 대한 부정의 대답은 「No, 주어+didn't」로 쓴다.
해석 A: Johnson 선생님은 역사를 가르쳤니?
B: 아니, 그렇지 않아. 그는 수학 선생님이었어.

14 No, he doesn't
부정의문에 대한 대답은 우리말 해석과 상관없이, 뒤에 나오는 내용이 긍정이면 Yes, 부정이면 No를 쓴다.
해석 A: 그는 캠핑을 자주 가지 않죠?
B: 네, 자주 가지 않아요. 그는 매주말마다 집에 있어요.

15 Yes, she did
부정의문에 대한 대답은 우리말 해석과 상관없이, 뒤에 나오는 내용이 긍정이면 Yes, 부정이면 No를 쓴다.
해석 A: Sophia는 그 상점에 가지 않았지?
B: 아니, 갔어. 그녀는 그곳에서 목걸이를 하나 샀어.

16 Yes, I do
「Do+주어+동사원형 ~?」 의문문에 대한 긍정의 대답은 「Yes+주어+do」로 쓴다. 'Do you ~?'로 물었으므로 대답은 'Yes, I do.'가 적절하다.
해석 A: 너는 아침을 먹니?
B: 네, 먹어요. 저는 아침으로 매일 사과 한 개를 먹어요.

17 (1) does   (2) she doesn't   (3) doesn't sing
(1) 주어가 3인칭 단수이므로 does를 써야 한다.
(2) 'No'라고 대답했으므로 she doesn't가 와야 한다.
(3) 노래를 잘 하지 못한다는 뜻이 되어야 하므로 doesn't sing이 와야 한다.
해석 A: 너의 여동생은 수영을 잘하니?
B: 아니, 그녀는 수영을 잘하지 않아.
A: 그러면, 그녀는 춤추는 것을 좋아하니?
B: 아니, 그렇지 않아. 그녀는 노래하는 것을 좋아해.
A: 좋아! 그녀는 노래를 잘하니?
B: 사실 그렇지 않아. 그녀는 노래를 잘 하지 않아.

18 (1) I do   (2) don't   (3) Do
(1) 'Do you ~?'로 묻는 질문에 대한 긍정의 대답은 'Yes, I do.'이다.
(2) 의미상 부정문이 되어야 하므로 don't가 와야 한다.
(3) 주어가 복수이므로 Do를 사용해서 의문문을 만들어야 한다.
해석 A: 너는 축구를 자주 하니?
B: 응, 그래. 너는 어때?
A: 나는 축구를 하지 않아. 나는 농구를 좋아해.
B: 너의 남동생은 어때?
A: 그는 매일 농구를 해.
B: 너와 너의 남동생은 함께 농구를 하니?
A: 응, 그래. 우리는 함께 농구를 해.

19 ⓐ speaks → speak ⓑ fixs → fixes ⓔ went → go
ⓐ 주어가 「A and B」이면 복수 취급한다.
ⓑ fix의 3인칭 단수 현재형은 fixes이다.
ⓔ 의문문 전환 시 시제는 do동사에만 반영하고 일반동사는 동사원형으로 써야 한다.
해석 ⓐ David와 Jessica는 영어를 말한다.
ⓑ Sophia는 컴퓨터를 잘 고친다.
ⓒ 너의 개는 짖었니?
ⓓ Amy는 나에게 편지를 보냈다.
ⓔ 너는 지난 금요일에 그곳에 갔었니?

20 ⓒ taken → took ⓓ Don't → Doesn't
ⓔ isn't → doesn't

ⓒ take는 불규칙동사로 과거형은 took이다.
ⓓ 주어가 3인칭 단수인 일반동사의 의문문은 Does로 시작한다.
ⓔ 일반동사가 쓰인 부정문이므로 do를 사용하여 3인칭 단수 현재형인 doesn't로 고쳐야 한다.

해석 ⓐ 그 새는 높이 난다.
ⓑ Jerry는 프랑스에 사니?
ⓒ Jacob은 한 시간 전에 학교로 가는 버스를 탔다.
ⓓ Alex가 널 사랑하지 않니?
ⓔ Jin은 차를 갖고 있지 않다.

21 ⓐ had → have ⓑ staied → stayed
ⓓ cutted → cut

ⓐ 일반동사가 쓰인 문장의 부정문은 do동사에만 시제를 반영하고 일반동사는 동사원형을 써야 한다.
ⓑ stay의 과거형은 stayed이다.
ⓓ cut은 현재형과 과거형의 형태가 동일하다.

해석 ⓐ 내 부모님은 지난밤 저녁을 드시지 않았다.
ⓑ 우리는 3일 동안 런던에 머물렀다.
ⓒ Jane과 John은 공원에서 산책을 하니?
ⓓ Jason은 선을 따라 종이를 잘랐다.
ⓔ 너는 지난 일요일에 집에 머물렀니?

22 They, met

meet의 과거시제는 met이다.

23 Does Hajun know a lot about trees and herbs?

B의 대답을 통해 하준이가 나무와 약초에 대해 많이 알고 있는지를 물어보는 질문이 적절함을 알 수 있다.

해석 A: 하준이는 나무와 약초에 대해 많이 알고 있나요?
B: 네, 그래요. 그는 나무와 약초의 많은 이름을 알고 있어요.

24 became, has, swims, spend

문맥에 맞게 현재시제나 과거시제를 사용하여 쓴다.

해석 하준이와 하민이는 초등학교에서 만났고, 그들은 친구가 되었다. 하준이는 나무와 약초에 대한 지식을 많이 갖고 있다. 하민이는 수영을 잘 한다. 그들은 녹색과 파란색을 매우 좋아한다. 그들은 자연에서 그들의 시간을 보낸다. 그들은 좋은 친구이다.
〈전체 글 해석〉
하준이와 하민이는 초등학교에서 친구가 되었다. 그들은 많은 공통점을 가진다. 그들의 이름은 '하'로 시작한다. 그들은 자연을 사랑한다. 하준이는 숲을 사랑한다. 그는 나무와 약초에 대해 많이 알고 있다. 하민이는 바다를 사랑한다. 그는 수영을 잘 한다. 녹색과 파란색은 그들이 가장 좋아하는 색깔이다. 그들은 방과 후에 컴퓨터 게임을 하지 않는다. 그들은 공원이나 수영장에 간다.

CHAPTER
03 시제

Point 07 현재진행시제와 과거진행시제

A

1 are playing **2** is putting **3** were sleeping
4 am practicing **5** was reading **6** are swimming
7 was taking **8** is setting

B

1 are turning **2** is preparing **3** are building
4 were learning **5** was writing **6** were making
7 are flying **8** am eating **9** is doing
10 are lying

해석
1 나뭇잎이 노랗고 붉게 물들어가고 있다.
2 요리사가 아름다운 케이크를 준비하는 중이다.
3 아버지와 나는 새 나무 집을 짓는 중이다.
4 학생들은 과학시간에 물에 대해 배우고 있었다.
5 Emma는 에세이를 쓰고 있었다.
6 내 남동생과 나는 함께 모형 비행기를 만들고 있었다.
7 새들이 그 건물 위로 날고 있다.
8 나는 식당에서 점심을 먹고 있는 중이다.
9 Betty는 집에서 숙제를 하고 있다.
10 몇몇 사람들이 잔디 위에 누워 있다.

Point 08 진행시제의 의문문, 부정문

A

1 Is, sleeping **2** Is, falling
3 Are, reading **4** Were, sitting
5 Are, barking **6** weren't, watching
7 isn't, writing **8** isn't shining
9 I'm not doing **10** wasn't working

B

1 Is Cathy baking some cookies?
2 People are not[aren't] taking a walk in the park.
3 Was she writing in her notebook?
4 We are not[aren't] drawing a picture.
5 Was your brother doing his homework?
6 They were not[weren't] playing the violin.
7 Is the bird singing in the tree?
8 Roy is not[isn't] washing his car.

해석
1 Cathy는 쿠키를 굽고 있나요?
2 사람들은 공원에서 산책하고 있지 않다.
3 그녀는 공책에 필기하고 있었나요?
4 우리는 그림을 그리는 중이 아니다.
5 너의 남동생은 숙제를 하고 있었니?
6 그들은 바이올린을 켜고 있는 중이 아니었다.
7 그 새가 나무 위에서 노래 부르고 있니?
8 Roy는 세차하고 있는 중이 아니다.

Point 09 미래시제

A

1 He will repair his bicycle.
2 We're going to watch a movie this week.
3 Catherine is going to join us for dinner.
4 I will start a new hobby next month.
5 They were going to leave for Seoul yesterday.
6 I am going to take guitar lessons next week.

7 She was going to finish the book last week.

8 We will have a barbecue party tonight.

9 They are going to plant flowers in the garden.

10 We are going to celebrate Susan's birthday.

B

1 She will come to the party.

2 They're going to build a new playground in the park.

3 My brother will get a puppy for his birthday.

4 He was going to visit his grandparents yesterday.

5 Amy is going to have a part-time job.

6 We are going to learn about planets in science class.

7 I was going to learn Spanish last year.

8 They were going to visit the museum.

해석

1 그녀는 파티에 올 것이다.

2 그들은 공원에 새로운 놀이터를 지을 예정이다.

3 내 동생은 생일선물로 강아지를 받을 거야.

4 그는 그의 조부모님을 방문할 예정이었다.

5 Amy는 시간제 일을 구할 예정이다.

6 우리는 과학시간에 행성에 대해 배울 예정이다.

7 나는 작년에 스페인어를 배울 예정이었다.

8 그들은 박물관에 방문할 예정이었다.

Point 10 미래시제의 의문문, 부정문

A

1 Will, remember **2** I'm, not, going, to, watch

3 Are, going, to, join **4** is, not, going, to, buy

5 Will, come **6** won't, break

7 is, not, going, to, travel **8** will, not, start

B

1 John will not[won't] study for the exams this weekend.
Will John study for the exams this weekend?

2 They are not[aren't] going to paint the house.
Are they going to paint the house?

3 She will not[won't] make a cake for the party.
Will she make a cake for the party?

4 We are not[aren't] going to start a new project.
Are we going to start a new project?

5 He will not[won't] travel to Japan in April.
Will he travel to Japan in April?

6 Chris is not[isn't] going to bring a puppy.
Is Chris going to bring a puppy?

해석

1 John은 이번 주말에 시험공부를 할 것이다.

2 그들은 그 집을 페인트칠할 예정이다.

3 그녀는 파티를 위해 케이크를 만들 것이다.

4 우리는 새로운 프로젝트에 착수할 예정이다.

5 그는 4월에 일본을 여행할 것이다.

6 Chris는 강아지 한 마리를 데려올 예정이다.

01 is getting
주어가 3인칭 단수이고 의미상 현재에 진행 중인 상황을 나타내므로 is getting으로 쓴다.

02 were playing
주어가 복수이고 의미상 과거에 진행 중인 상황을 나타내므로 were playing으로 쓴다.

03 are lying
주어가 복수이고 의미상 현재에 진행 중인 상황을 나타내므로 are lying으로 쓴다.

04 (1) is running (2) are running
문맥상 공통으로 들어갈 단어는 running이며, The cat이 주어일 때 동사는 is, The children이 주어일 때 동사는 are를 쓴다.
해석 • 고양이가 집안 곳곳을 뛰어다니고 있다.
• 아이들이 놀이터에서 뛰어다니고 있다.

05 (1) is baking (2) am baking
문맥상 공통으로 들어갈 단어는 baking이며, My mother가 주어일 때 동사는 is, I가 주어일 때 동사는 am을 쓴다.
해석 • 엄마가 초콜릿 케이크를 굽는 중이다.
• 나는 간식으로 먹을 쿠키를 굽고 있다.

06 (1) is painting (2) are painting
문맥상 공통으로 들어갈 단어는 painting이며, Joe가 주어일 때 동사는 is, Students가 주어일 때 동사는 are를 쓴다.
해석 • Joe는 종이에 그림을 그리고 있다.
• 학생들이 미술 전시회 포스터를 그리고 있다.

07 I, won't
will을 사용한 미래시제 의문문의 대답은 긍정인 경우에는 「Yes, 주어+will」, 부정인 경우에는 「No, 주어+will not[won't]」로 한다.
해석 A: 이번 주말에 등산 갈 거니?
B: 아니, 안 갈 거야.

08 I, am
「be+going to+동사원형」 의문문의 대답은 긍정인 경우에는 「Yes, 주어+be」, 부정인 경우에는 「No, 주어+be not」으로 한다.
해석 A: 너는 오늘 Nancy를 만날 계획이니?
B: 응, 그래.

09 he, is, not
「be+going to+동사원형」 의문문의 대답은 긍정인 경우에는 「Yes, 주어+be」, 부정인 경우에는 「No, 주어+be not」으로 한다.
해석 A: 그가 또 시험에 낙제할까?
B: 아니, 그렇지 않을 거야.

10 (1) He will not[won't] take a rest at the cafe.
(2) Will he take a rest at the cafe?
will의 부정문은 「will+not+동사원형」으로 쓰고, 의문문은 「Will+주어+동사원형」으로 쓴다.
해석 그는 카페에서 휴식을 취할 것이다.

11 (1) They were not[weren't] going to visit the festival.
(2) Were they going to visit the festival?
「be+going to+동사원형」의 부정문은 「be+not+going to+동사원형」으로 쓰고, 의문문은 「be+주어+going to+동사원형」으로 쓴다.
해석 그들은 그 축제에 방문할 예정이었다.

12 Brian was not playing basketball with his friends.

과거진행시제의 부정문은 「be+not+동사원형+-ing」의 형태로 쓴다.

해석 Brian은 그의 친구들과 농구를 한다.

13 Was Sujin listening to music at that time?

진행시제의 의문문은 「be+주어+동사원형+-ing~?」의 형태로 쓴다. at that time은 과거를 나타내는 표현이므로 과거진행시제의 의문문으로 써야 한다.

해석 수진이는 음악을 듣는다.

14 Are you going to buy some apples?

질문에 대한 대답이 '아니, 나는 귤을 살 거야'이므로 질문은 귤이 아닌 다른 것을 사겠냐는 내용이어야 한다. 미래시제 의문문으로 써야 하고 to buy가 있으므로 「be+going to+동사원형」 형태가 적절하다.

해석 A: 너는 사과를 살 계획이니?
　　　B: 아니, 난 귤을 살 거야.

15 Was she playing the piano?

질문에 대한 대답이 'Yes, she was.'이므로 과거시제인 was를 사용하여 진행형의 의문문으로 써야 한다. 「be+주어+동사원형+-ing」 형태가 적절하다.

해석 A: 그녀는 피아노를 치고 있는 중이었니?
　　　B: 응, 그래. 그녀의 연주는 정말 훌륭했어.

16 meets → meet

미래시제를 나타내는 will 뒤에는 동사원형이 와야 한다.

해석 그는 토요일에 그의 삼촌을 만날 것이다.

17 was → were

주어가 복수형인 'Jack and I'이므로 was를 were로 고쳐야 한다.

해석 Jack과 나는 테니스를 칠 계획이었다.

18 (1) Yes, he, is　(2) No, they, aren't, are reading

(1) 그림 속 소년은 자전거를 타고 있으므로, 긍정의 대답인 「Yes, 주어+be」형태로 써야 한다.

(2) 그림 속 소녀들은 책을 읽고 있으므로, 부정의 대답인 「No, 주어+be+not」형태로 써야 한다. 빈칸이 세 개이므로 are not의 축약형인 aren't로 써야 한다.

해석 (1) A: 소년은 자전거를 타고 있니?
　　　　　B: 응, 그래.
　　　(2) A: 소파 위의 소녀들은 티비를 보고 있니?
　　　　　B: 아니, 그렇지 않아. 그들은 책을 읽고 있어.

19 (1) are going to visit　(2) are going to meet

주어가 Roy and Jake이므로 「are+going to+동사원형」 형태로 쓴다.

해석 (1) Roy와 Jake는 Lakeside Garden을 방문할 예정이다.
　　　(2) 그들은 2시 정각에 만날 계획이다.
　　　Roy: Jake, 나 이번주 금요일에 Lakeside Garden에 가 볼 계획이야. 3,600마리 나비가 그곳에 있을 거야.
　　　Jake: 3,600마리의 나비? 정말이니?
　　　Roy: 응, 그런데 진짜 나비는 아니야. 한 예술가가 종이로 그것들을 만들었대.
　　　Jake: 오, 나도 너랑 같이 가도 되니?
　　　Roy: 물론이지. 2시에 여기서 만나자.
　　　Jake: 좋아. 그때 보자.

20 ⓐ Jack and I are going to watch a movie.
　　ⓔ Peter will not cancel the meeting.

ⓐ 주어가 복수이므로 be동사를 are로 고쳐야 한다.

ⓔ will의 부정은 「will+not+동사원형」의 형태로 나타낸다.

해석 ⓐ Jack과 나는 영화를 보러 갈 계획이다.

ⓑ Jane과 Mary가 그 공연에 올까?
ⓒ 모든 사람들이 멋진 시간을 보내고 있다.
ⓓ 그 강아지들은 간식을 먹고 있니?
ⓔ Peter는 그 모임을 취소하지 않을 것이다.

21 (1) are playing　(2) is feeding　(3) is jumping
　　(4) are singing　(5) are enjoying

주어의 인칭과 수에 맞춰 현재진행형인 「be+동사원형+-ing」 형태로 쓴다.

해석 맑고 화창한 날이다. 아이들은 정원에서 놀고 있다. Timmy는 강아지에게 밥을 주고 있다. Emily는 화단 근처에서 줄넘기를 하고 있다. 새들이 즐겁게 노래부르고 있다. 근처에서 그들의 부모는 벤치에 앉아 차 한 잔을 즐기고 있다. 야외에서 놀기에 완벽한 날이다.

22 Are they going to eat chicken?

"그들이 치킨을 먹을 계획이니?"가 질문이 되어야 하므로 「be+주어+going to+동사원형」 형태의 의문문으로 써야 한다.

해석 A: 그들은 치킨을 먹을 계획이니?
　　　B: 아니, 그들은 피자와 스테이크를 먹을 거야.

23 We will also sing a birthday song and blow out candles.

주어는 we이고, 「will+동사원형」을 써서 문장을 완성한다.

해석 나는 Danny야. 이번 주 토요일은 내 생일이야. 나는 나의 집에서 생일파티를 할 거야. Jake와 Roy가 올 거야. 우리는 피자와 스테이크를 먹을 거야. 우리는 또한 생일 노래를 부르고 촛불을 끌 거야.

CHAPTER 04 조동사

Point 11 can, may

A

1 can	2 can't[cannot]
3 may	4 can[may]
5 can	6 can't[cannot/may not]
7 can	8 can[may]

B

1 can[cannot], go	2 is, able, to, play
3 may, not, bring	4 were, not, able, to, play
5 may, not, have	6 Can[May], see
7 will, be, able, to, speak	8 can[cannot], touch

Point 12 must, have to

A

1 must, finish	2 have, to, do
3 has, to, reply	4 Do, have, to, attend
5 had, to, take	6 must, be
7 must, not, watch	8 don't, have, to, wait
9 Did, have, to, return	10 must, not, be

B

1 Danny has to hand in the report today.

2 Does she have to leave tonight?

3 He doesn't have to pay more money.

4 Eric must be a liar.

5 I had to follow the doctor's words.

6 He must stop smoking for his health.

해석

1 Danny는 그 보고서를 오늘 제출해야 한다.

2 그녀는 오늘 밤에 떠나야 하나요?

3 그는 돈을 더 낼 필요가 없다.

4 Eric은 거짓말쟁이임에 틀림없다.

5 나는 의사의 지시를 따라야 했다.

6 그는 건강을 위해 금연해야 한다.

Point 13 ▶ should

A

1 should wear

2 should not[shouldn't] waste

3 should read

4 Should I apply for

5 should not[shouldn't] have

6 should keep

B

1 She should exercise more often.

2 You should eat healthy food.

3 Students should not be late for school.

4 You shouldn't stay up late.

5 We ought to reduce waste.

6 Should I invite Jane to the party?

7 Should Jake listen to his parents' advice?

8 We should save money for our future.

9 You shouldn't lie to your friends.

10 Should we take the bus to the station?

시험에 나오는 서술형

01 may
may는 약한 추측의 의미를 나타낸다.

02 can
can은 능력의 의미를 나타낸다.

03 should
should는 충고, 제안의 의미를 나타낸다.

04 Can[Could]
can은 요청의 의미를 나타내며, could는 좀 더 정중한 표현이다.

05 must → must not[cannot/can't]
강한 추측의 의미를 나타내는 조동사는 must이며, '~일 리 없다'의 뜻을 나타내는 부정문은 must not[cannot/can't]으로 쓴다.

06 have → has
have to는 주어의 인칭과 수, 시제에 따라 형태가 변한다. 주어가 3인칭 단수이므로 have를 has로 고쳐야 한다.

07 must → had to
must는 과거형이 없으므로 과거의 의미를 나타내려면 have to의 과거

형인 had to를 써야 한다.

08 can → be able to
조동사 두 개를 나란히 쓸 수 없으므로 can을 be able to로 고쳐야 한다.

09 The children had to visit the museum.
must는 과거시제가 없으므로 have to의 과거형인 had to로 써야 한다.
해석 아이들은 박물관을 방문해야 한다.

10 They were not[weren't] able to see the stars.
be able to의 부정문은 「be+not+able to+동사원형」의 형태로 쓴다.
해석 그들은 별을 볼 수 있었다.

11 Does he have to follow the rules?
'필요'를 나타내는 have to의 의문문은 「Do[Does/Did]+주어+have to+동사원형 ~?」 형태로 쓴다.
해석 그는 그 규칙을 따라야 한다.

12 has to
의미상 must가 추측이 아닌 의무를 나타내므로 have to로 바꿔 쓸 수 있다. 주어가 3인칭 단수이므로 has to로 쓴다.
해석 Taylor는 그녀의 친구들에게 친절해야 한다.

13 was not able to
능력의 의미를 나타내는 can은 be able to로 바꿔 쓸 수 있다. 시제가 could로 과거이므로 be동사는 was로 써야 함에 유의한다.
해석 Jimmy는 그 대화를 잘 들을 수 없었다.

14 must
must는 강한 의무를 나타내고 must not은 강한 부정 추측을 나타낸다.
해석 • 너는 헬멧을 써야 한다.
• 그는 거짓말쟁이일 리 없다. 그는 절대 거짓말을 하지 않는다.

15 Can
can은 능력, 요청, 허락의 의미를 나타낸다. 첫 번째 문장은 요청의 의미이고 두 번째 문장은 허락을 나타낸다.
해석 • 이 문제를 도와주실 수 있나요?
• 지금 당신의 펜을 빌릴 수 있을까요?

16 can't[cannot]
첫 번째 문장의 can't[cannot]는 '~할 수 없다'의 의미를 나타내고, 두 번째 문장의 can't[cannot]는 '~일 리 없다'는 추측을 나타낸다.
해석 • 이 수학문제는 매우 어렵다. 너는 이것을 풀 수 없다.
• 그는 가수일 리 없다. 그는 노래를 못한다.

17 (1) should not[shouldn't] enter with a dog
(2) should not[shouldn't] use your phone in the theater
둘 다 금지를 나타내는 뜻이므로 「should+not+동사원형」의 형태로 써야 한다.
해석 (1) 너는 개와 함께 입장하면 안 된다.
(2) 영화관에서는 휴대폰을 사용해서는 안 된다.

18 may
바르게 배열된 문장은 'Your father may like your present. (너의 아버지가 너의 선물을 좋아하실 지도 모른다.)'이다. 따라서 세 번째로 올 단어는 may 이다.

19 must not
have to의 부정문이 '~해서는 안 된다'일 때는 「must+not+동사원형」 형태로 쓴다.

20 doesn't have to
'~할 필요가 없다'일 때는 「don't have to+동사원형」 형태로 쓴다. 주어가 3인칭 단수이므로 doesn't have to가 되어야 한다.

21 **(1) should take** **(2) should dress** **(3) should drink**

충고, 조언을 나타내는 should를 사용하여 「should+동사원형」 형태로 쓴다.

해석 (1) Eric: 엄마, 저 두통이 있어요.
　　　 Mom: 오, 너 열이 있구나. 약을 좀 먹는 게 좋겠어.
　　(2) Eric: 으슬으슬 추워요.
　　　 Mom: 따뜻하게 입는 게 좋겠구나.
　　(3) Eric: 여전히 조금 추워요.
　　　 Mom: 따뜻한 우유 한 잔을 마시는 게 좋겠어. 엄마가 가져다 줄게.

22 **(1) can play the piano**
　　　(2) should not[shouldn't] watch TV

(1) can을 사용하여 긍정문을 만들어야 하므로 '잘 할 수 있는 것' 항목에 있는 '피아노 치기'를 선택하여 「can+동사원형」으로 쓴다.

(2) should를 사용하여 부정문을 만들어야 하므로 '하면 안 되는 것' 항목에 있는 'TV 보기'를 선택하여 「should+not+동사원형」으로 쓴다.

해석 (1) Juan은 피아노를 칠 수 있다.
　　(2) Kate는 TV를 보면 안 된다.

23 **(1) can visit new places**
　　　(2) should bring your passport
　　　(3) don't have to plan

(1) 가능, 능력을 나타내는 can을 사용하여 쓴다.

(2) '충고'의 의미가 되어야 하므로 should를 사용하여 쓴다.

(3) '~할 필요가 없다'의 의미가 되어야 하므로 don't have to를 사용하여 쓴다.

해석 여행은 흥미로운 일입니다. 새로운 장소를 방문하고 새로운 사람들을 만날 수 있습니다. 하지만 이것을 기억하세요! 여러분은 어디든지 여권을 가지고 다녀야 합니다. 여행의 모든 순간을 계획할 필요는 없습니다. 그냥 긴장을 풀고 여행 자체를 즐기세요!

24 ⓐ **Do I have to pay an extra charge?**
　　ⓑ **I didn't have to book the restaurant yesterday.**
　　ⓒ **She must be tired.**
　　ⓓ **Jake must not[cannot/can't] be lying.**

ⓐ '필요'의 의미를 나타내는 have to의 의문문은 「Do[Does/Did]+주어+have to+동사원형」 형태로 쓴다.

ⓑ '~할 필요 없다'를 의미하는 표현은 「don't+have to+동사원형」이다. 과거시제로 써야 함에 유의한다.

ⓒ '~임에 틀림없다'의 의미를 나타내는 조동사 표현은 「must+동사원형」이다.

ⓓ '~일 리 없다'의 의미를 나타내는 조동사 표현은 must not[cannot/can't]이다.

CHAPTER
05 명사와 대명사

Point 14 ▷ 셀 수 있는 명사

A

1 children	**2** roses	**3** puppies
4 mice	**5** questions	**6** men
7 deer	**8** thieves	

B

1 Jason ate tasty strawberries.

2 I met three witches in my dream.

3 She opened the boxes carefully.

4 You have to brush your teeth every day.

5 Be careful! The knives are very sharp.

6 He takes care of three babies.

7 The shelves are full of books.

8 We need three potatoes and a carrot.

해석

1 Jason은 맛있는 딸기를 먹었다.

2 나는 꿈에서 세 마녀를 만났다.

3 그녀는 조심스럽게 그 상자들을 열었다.

4 너는 매일 이를 닦아야 한다.

5 조심하세요! 칼들이 매우 날카로워요.

6 그는 세 아기들을 돌본다.

7 그 책장은 책으로 가득 차 있다.

8 우리는 감자 세 개와 당근 한 개가 필요하다.

Point 15 ▷ 셀 수 없는 명사

A

1 I need some bread.

2 Could you add sugar to my tea, please?

3 The advice was helpful to me.

4 The furniture in her room is very unique.

5 We need some information about the project.

6 Chris was very hungry, so he ate two pieces of cake.

7 Dorothy put a pair of scissors on the desk.

8 I tried on three pairs of pants at the clothing store.

9 James carried his luggage to the airport.

10 We cannot buy happiness with money.

해석

1 나는 빵이 약간 필요하다.

2 제 차에 설탕 좀 넣어주시겠어요?

3 그 충고는 나에게 유용했다.

4 그녀의 방에 있는 가구들은 매우 독특하다.

5 우리는 그 프로젝트에 대한 정보가 조금 필요하다.

6 Chris는 배가 너무 고파서 케이크 두 조각을 먹었다.

7 Dorothy는 가위 한 자루를 책상 위에 올려놓았다.

8 나는 의류매장에서 바지 세 벌을 입어보았다.

9 James는 공항으로 수화물을 들고 갔다.

10 행복은 돈으로 살 수 없다.

B

1 I need two slices of cheese.

2 He bought two pairs of tennis shoes.

3 I drink three cups of milk a day.

4 David ate a loaf of bread this morning.

5 My brother left a piece of cake for me.

6 I bought two pairs of socks at the store.

Point 16 ▷ some과 any / 「There+be동사+명사」

A

1 any	**2** some	**3** any

4 some   **5** any

B

1 is   **2** are   **3** was

4 are   **5** were   **6** are

C

1 Were there any trees here about 10 years ago?

2 There is not[isn't] a bag on the desk.

3 Is there a blackboard in the classroom?

4 There were not[weren't] any fruits in the fridge.

5 Is there enough food for everyone at the party?

6 There is not[isn't] a spare key for the door.

해석

1 약 10년 전 이곳에는 나무들이 조금 있었다.

2 책상 위에 가방이 있다.

3 교실에 칠판이 있다.

4 냉장고에 과일이 약간 있었다.

5 파티에는 모두를 위한 충분한 음식이 있다.

6 그 문을 열 여분의 열쇠가 있었다.

Point 17 인칭대명사의 격

A

1 me   **2** himself   **3** its

4 hers   **5** themselves

B

1 Cindy only cares about herself.

2 The dog's tail is long.

3 He'll take us to the park.

4 The cat washed its face after dinner.

5 The idea for the event is mine.

6 They are proud of themselves.

7 Is this football yours?

8 I found the book under the bed.

9 He himself painted the wall.

10 Her umbrella is yellow, and his is black.

Point 18 지시대명사 / 비인칭 주어 It

A

1 Those   **2** It   **3** this

4 those   **5** It   **6** These

7 It   **8** This

B

1 It is summer now.

2 I bought this hat in Hawaii.

3 It is very sunny outside.

4 These students are taking extra math classes.

5 Are those your cookies?

6 These math problems are very difficult.

7 These are my favorite colors.

8 It is very far from here.

해석

1 지금은 여름이다.

2 나는 이 모자를 하와이에서 샀다.

3 밖은 매우 날씨가 맑다.

4 이 학생들은 수학 과외 수업을 받고 있다.

5 저것들은 너의 쿠키이니?

6 이 수학문제들은 매우 어렵다.

7 이것들은 내가 가장 좋아하는 색깔이다.

8 여기에서 (거리가) 아주 멀리 떨어져 있다.

📝 시험에 나오는 서술형

01 heros → heroes

-o로 끝나는 명사는 복수형을 만들 때, 명사 뒤에 −es를 붙인다.

02 foots → feet

foot의 복수형은 feet이다.

03 knife → knives

명사의 복수형을 만들 때 명사가 -f, -fe로 끝나면 f를 v로 바꾼 후 -es를 붙인다.

04 (1) **piece**   (2) **glasses**   (3) **pairs**

(1) '조각'의 수량표현은 piece를 사용한다.

(2) 액체를 표현할 때는 glass, cup, bottle 등을 사용한다. '세 잔'이므로 three glasses of로 쓴다.

(3) 짝을 지어 항상 복수로 쓰는 명사는 pair를 사용하여 수를 나타낸다. '세 켤레'이므로 three pairs of로 쓴다.

해석 (1) 그녀는 케이크 한 조각을 원한다.

(2) 그는 물 세 잔을 들이켰다.

(3) 나는 양말 세 켤레가 필요하다.

05 (1) **are**   (2) **some**   (3) **them**

(1) '~가 있다'를 나타내는 「there+be동사+명사」를 활용하여 쓴다. 주어가 복수이므로 be동사는 are이다.

(2) '약간의'의 의미를 나타내는 some이 알맞다.

(3) some flowers를 지칭하는 them이 알맞다.

06 Is

현재시제이고 주어인 a parking lot이 단수이므로 Is가 적절하다.

07 Was

과거를 나타내는 last night이 있으므로 과거시제이고, 주어인 a soccer game이 단수이므로 Was가 적절하다.

08 himself

주어와 목적어가 같으므로 '그 자신'을 의미하는 재귀대명사가 와야 한다.

09 mine

'나의 것'을 나타내는 소유대명사는 mine이다.

10 (1) **There aren't any chairs around the table.**

(2) **Are there any[some] chairs around the table?**

부정문은 「there+be동사+not+명사」로 쓰고 의문문은 「be동사+there+명사~?」로 쓴다. 긍정문에서의 some은 부정문, 의문문에서 any로 바뀐다.

해석 탁자 주위에 의자가 몇 개 있다.

11 (1) **There wasn't a hospital in this area** 10 **years ago.**

(2) **Was there a hospital in this area** 10 **years ago?**

부정문은 「there+be동사+not+명사」로 쓰고 의문문은 「be동사+there+명사~?」로 쓴다.

해석 10년 전에 이 지역에 병원이 한 곳 있었다.

12 Are there many oranges on the table
질문에 대한 대답이 '아니, 귤이 한 개 밖에 없어'이므로 식탁 위에 귤이 많이 있는지 물었을 것이다. 의문문이므로 「be동사＋there＋명사~?」 형태로 쓴다.
해석 A: 식탁 위에 귤이 많이 있나요?
B: 아니오, 식탁 위에 귤이 한 개 밖에 없어요.

13 there weren't any lost items
답변에 'No'가 있으므로 부정문으로 쓰면 된다. 시제를 과거로 맞추고 부정문이므로 any가 들어가는 것이 적절하다.
해석 A: 어제 이 역에 분실물이 있었나요?
B: 아니오, 어제 이 역에는 어떤 분실물도 없었어요.

14 my camera
'나의 것'을 의미하는 소유대명사 mine은 「my＋명사」와 같은 의미이다.
해석 David: 이 카메라는 그의 것이니?
Jane: 아니, 이건 내 카메라야.

15 himself
재귀대명사 -self는 명사를 강조할 때, 또는 주어와 목적어가 같을 때 사용한다.
해석 ·그가 직접 나를 찾아왔다.
·그가 어젯밤에 다쳤나요?

16 This[this]
첫 번째 문장에는 단수 대명사인 This, That, It이 모두 들어갈 수 있다. 두 번째 문장을 보면, 옆에 있는 사람을 소개할 때는 This를 사용하므로 공통으로 들어갈 말은 This[this]이다.
해석 ·이것은 내가 가장 좋아하는 이야기책이다.
·Jenny, 얘는 내 사촌 Roy야.

17 (1) It was very sunny.
** (2) there were three puppies.**
(1) 날씨를 나타내는 비인칭 주어 It을 사용하여 과거시제로 쓴다.
(2) 공원에 강아지 세 마리가 있으므로 과거시제의 복수형 be동사 were를 사용하여 쓴다. puppy의 복수형은 puppies이다.
해석 나는 지난 주말에 공원에 갔다. 날씨가 매우 화창했다. 공원 중앙에는 벤치가 하나 있었다. 벤치 주위로 강아지 세 마리가 있었다.

18 (1) three loaves of bread   (2) a cup of cocoa
** (3) two slices of pizza**
단위명사를 사용하여 「a＋단위명사＋of＋명사」 형태로 쓴다. 복수의 수량표현을 나타낼 때는 단위명사를 복수로 쓴다.
해석 (1) Peter는 빵 한 덩어리를 먹었다.
(2) Susan은 코코아 한 컵을 마셨다.
(3) Emma는 피자 두 조각을 먹었다.

19 (1) some books   (2) any salt
(1) 긍정문이므로 some을 쓰고, some 뒤에 셀 수 있는 명사가 오면 복수형태로 쓴다.
(2) 부정문이므로 any를 쓰고, salt는 셀 수 없는 명사이므로 단수형으로 쓴다.
해석 (1) Henry는 온라인 서점에서 책 몇 권을 주문했다.
(2) 그 요리사는 수프에 소금을 넣지 않았다.

20 (1) There is an umbrella here.
** (2) Is it[this] yours?**
(1) '~가 있다'를 나타내는 「there is＋명사」 구문을 쓰면 된다.
(2) '너의 것'을 의미하는 소유대명사는 yours이다.
해석 Andy: 오, 밖에 비가 오고 있어.

Daisy: 응, 그러네. 이제 집에 가야겠다.
Andy: 여기에 우산이 하나 있네. 이거 네 거니?
Daisy: 아니, 난 우산을 가지고 오지 않았어.
Andy: 그럼 하나 사는 게 좋겠다.

21 ⓑ I have some information about the city.
** ⓒ It is Sunday today.**
** ⓔ The tree dropped its leaves.**
ⓑ information은 셀 수 없는 명사이므로 복수형으로 쓰지 않는다.
ⓒ 요일을 나타낼 때는 비인칭주어 it을 쓴다.
ⓔ it의 소유격은 it's가 아니라 its이다. it's는 it is의 축약형이다.
해석 ⓐ 그는 종이 세 장이 필요하다.
ⓑ 나는 그 도시에 대한 몇 가지 정보를 갖고 있다.
ⓒ 오늘은 일요일이다.
ⓓ 이 장난감들은 그의 것이다.
ⓔ 나무가 잎사귀를 떨어뜨렸다.

22 ⓐ Andy bought three pairs of sneakers.
** ⓑ My pen is on the desk. Yours is in the pencil case.**
** ⓓ They enjoyed themselves last night.**
ⓐ '운동화 세 켤레'의 의미이므로 three pairs of ~로 써야 한다.
ⓑ '너의 것'을 뜻하는 you의 소유대명사는 yours이다.
ⓓ they의 재귀대명사 형태는 themselves이다.
해석 ⓐ Andy는 운동화 세 켤레를 샀다.
ⓑ 내 펜은 책상 위에 있다. 네 것은 필통 안에 들어 있다.
ⓒ 오늘은 꽤 구름 낀 날씨이다.
ⓓ 그들은 지난밤 재미있게 보냈다.
ⓔ 오래 전에 이곳에는 멋진 해변이 있었다.

23 ⓐ isn't → aren't   ⓑ me → myself   ⓒ us → our
ⓐ 주어인 people은 복수이므로 isn't를 aren't로 고쳐야 한다.
ⓑ '직접', '스스로'의 의미이므로 재귀대명사 myself로 고쳐야 한다.
ⓒ '우리의' 이웃들이므로 소유격 our로 고쳐야 한다.
해석 Toby: 우리 동네엔 사람이 충분하지 않아. 나 혼자선 이 일을 할 수 없어.
Kevin: 우리의 이웃들에게 도움을 요청하는 게 좋겠어.
Toby: 좋은 생각이야! 그런데 그들이 우리를 도와주러 올까?
Kevin: 걱정하지 마. 그들이 와서 우리를 도와줄 거야.

CHAPTER 06 형용사와 부사

Point 19 형용사의 역할

A

1 Danny is a popular pianist.
2 Lucas ordered something hot and spicy.
3 Julie is a smart student.
4 I couldn't find anything interesting about the movie.
5 Kevin doesn't like noisy people.
6 We enjoyed a picnic in the sunny weather at the park.

해석
1 Danny는 인기 있는 피아니스트이다.
2 Lucas는 뜨겁고 매운 것을 주문했다.

12

3 Julie는 똑똑한 학생이다.

4 나는 그 영화에서 어떤 흥미로운 것도 발견하지 못했다.

5 Kevin은 시끄러운 사람을 좋아하지 않는다.

6 우리는 화창한 날씨에 공원에서 소풍을 즐겼다.

B

1 Alan likes sweet food.

2 Bora sat next to the tall boy.

3 Eric was asleep on the sofa.

4 Dennis met someone pleasant on the train.

5 Ethan saw something shiny.

6 His performance was fantastic.

7 Irene was alone in the classroom.

8 The clerk was very rude.

9 She has long straight hair.

10 The baby bird is still alive.

Point 20 수량형용사

A

1 many	**2** much	**3** little
4 a little	**5** a few	**6** Few
7 a little	**8** a few	

B

1 I picked a few apples.

2 You shouldn't drink too much coffee at night.

3 There were few children at the playground.

4 Jennifer needs a little information about him.

5 Are there a lot of tourists in this place?

6 We don't have much time.

7 I bought a few books at the bookstore.

8 There are lots of visitors at the zoo.

해석

1 나는 사과 몇 개를 땄다.

2 너는 밤에 커피를 너무 많이 마시면 안 된다.

3 운동장에 아이들이 거의 없다.

4 Jennifer는 그에 대한 정보가 약간 필요하다.

5 이 장소에 관광객들이 많이 있니?

6 우리는 시간이 많지 않다.

7 나는 서점에서 책 몇 권을 샀다.

8 동물원에 방문객들이 많이 있다.

Point 21 부사의 형태와 역할

A

1 easily	**2** highly	**3** fast
4 busily	**5** hardly	**6** late
7 fast	**8** nearly	**9** naturally
10 high		

해석

1 Tommy는 나무에 쉽게 올라갈 수 있다.

2 그 아이디어는 매우 창의적이다.

3 나는 숙제를 매우 빨리 끝냈다.

4 엄마는 주방에서 바쁘게 저녁을 요리하셨다.

5 James는 회의 동안 거의 말을 하지 않았다.

6 나는 파티에 늦은 것에 대해 사과했다.

7 그 기차는 놀랍도록 역에 빨리 도착했다.

8 그 병은 거의 비어 있다.

9 그는 한국어를 매우 자연스럽게 말할 수 있다.

10 그 비행기는 구름 위로 높이 날았다.

B

1 The cat is sleeping quietly.

2 She answered the phone quickly.

3 The dog barked at us loudly.

4 His baking skills are pretty good.

5 Do I have to wait long?

6 You should study hard before a test.

7 The river flows slowly.

8 He did well on the exam.

Point 22 빈도부사

A

1 We sometimes stop by the cafe.

2 They are seldom honest.

3 My sister often goes to the cinema.

4 She always smiles at me.

5 My dog always follows me.

6 Charlie never watches TV.

7 I sometimes make my own coffee at home.

8 I will always do my best.

9 I usually take the bus to school.

10 Chris never drinks soda.

B

1 The children are always happy.

2 The boys often play football after school.

3 The restaurant is never closed on weekends.

4 My mother usually prepares breakfast at 7 a.m.

5 This city seldom has sunny days.

6 She always arrives early for meetings.

7 They often go out for dinner on weekends.

8 She sometimes watches horror movies.

해석

1 그 아이들은 항상 행복하다.

2 그 소년들은 방과후에 종종 축구를 한다.

3 그 식당은 결코 주말에 문을 닫지 않는다.

4 엄마는 대개 오전 7시에 아침식사를 준비하신다.

5 그 도시는 맑은 날이 거의 없다.

6 그녀는 항상 회의에 일찍 도착한다.

7 그들은 종종 주말에 저녁을 위해 외식한다.

8 그녀는 때때로 공포영화를 본다.

시험에 나오는 서술형

01 (1) **hard** (2) **hard** (3) **hardly**

(1) '열심히'라는 의미의 부사 hard가 알맞다.

(2) '딱딱한'이라는 의미의 형용사 hard가 알맞다.

(3) '거의 ~않는'의 의미의 부사 hardly가 알맞다.

해석 (1) 그녀는 영어시험을 위해 열심히 공부했다.

(2) 이 땅콩은 매우 딱딱하다.

(3) Matthew는 내 말을 거의 이해하지 못했다.

02 (1) high   (2) highly   (3) high
(1) '높게'라는 의미의 부사 high가 알맞다.

(2) '매우'라는 의미의 부사 highly가 알맞다.

(3) '높은'이라는 의미의 형용사 high가 알맞다.

해석 (1) 그는 높이 점프했다.

(2) Brad는 매우 영특한 아이이다.

(3) 그 산은 매우 높다.

03 something strange
-thing, -body, -one의 경우 형용사가 뒤에서 수식한다.

04 anything new
-thing, -body, -one의 경우 형용사가 뒤에서 수식한다.

05 Someone brave
-thing, -body, -one의 경우 형용사가 뒤에서 수식한다.

06 fast[quickly]
fast는 형용사와 부사의 형태가 같다. fastly로 쓰지 않도록 유의한다.

해석 Jason은 빠른 학습자이다.

= Jason은 빠르게 학습한다.

07 pretty
문맥상 '꽤'라는 의미의 부사가 와야 하는데 pretty의 부사형은 형용사와 형태가 동일하다.

해석 Eric은 꽤 능숙하게 기타를 연주할 수 있다.

08 carefully
문맥상 '신중하게'라는 부사가 와야 하므로 형용사 careful에 –ly를 붙인 carefully가 와야 한다. -ful로 끝나는 형용사를 부사로 바꿀 때 뒤에 l을 하나 더 붙이는 것에 주의한다.

해석 너는 이 안내서를 신중하게 읽어봐야 해.

09 He is always happy.
빈도부사는 be동사와 조동사 뒤, 일반동사 앞에 위치한다.

해석 그는 항상 행복하다.

10 They usually eat sandwiches for breakfast.
빈도부사는 be동사와 조동사 뒤, 일반동사 앞에 위치한다.

해석 그들은 대개 아침으로 샌드위치를 먹는다.

11 much
luggage는 셀 수 없는 명사이므로 수량형용사 much가 수식하는 것이 적절하다.

12 Few
셀 수 있는 명사에 대해서 '거의 없는'의 의미를 지니는 수량형용사는 few이다.

13 a few
셀 수 있는 명사에 대해서 '약간의, 몇몇'의 의미를 지니는 수량형용사는 a few이다.

14 little
셀 수 없는 명사에 대해서 '거의 없는'의 의미를 지니는 수량형용사는 little이다.

15 (1) special something → something special
(2) rose → roses

(3) happily → happy

(1) -thing으로 끝나는 대명사의 경우 형용사가 뒤에서 수식하므로 something special이 되어야 한다.

(2) a few는 셀 수 있는 명사의 수를 나타내므로 뒤에 나오는 명사는 복수 형태인 roses가 되어야 한다.

(3) 명사인 a day를 수식하므로 부사 happily를 형용사 happy로 고쳐야 한다.

해석 엄마의 생신이 다가오고 있다. 나는 엄마를 위해 뭔가 특별한 것을 준비할 계획이다. 나는 엄마를 위해 장미 몇 송이를 사고 케이크를 만들 예정이다. 엄마에게 행복한 하루가 되었으면 좋겠다.

16 she has little knowledge about computers
"Erin은 컴퓨터에 대해 많이 아니?"라고 묻는 질문에 "No"라고 대답했으므로 '컴퓨터에 대한 지식이 거의 없다'는 의미로 little을 써야 한다.

해석 A: Erin은 컴퓨터에 대해 많이 아니?

B: 아니, 그녀는 컴퓨터에 대해 지식이 거의 없어.

17 I often go to Italian restaurants
"이탈리안 음식 좋아하니?"라고 묻는 질문에 "Yes"라고 대답했으므로 often을 사용해서 답해야 한다.

해석 A: 이탈리안 음식을 좋아하니?

B: 응, 나는 이탈리안 식당에 종종 가.

18 The food was terrible.
"음식이 형편없었어."라는 대답이 되어야 하므로, 형용사 terrible을 사용하여 쓴다.

해석 A: 새로 생긴 그 식당은 어땠어?

B: 거긴 가지 않는 게 좋을 거야. 음식이 형편 없었어.

19 (1) a little   (2) a lot of
food는 셀 수 없는 명사이므로, '약간의'의 의미를 나타낼 때는 a little을 쓰고, '많은'의 의미를 나타낼 때는 a lot of[lots of]를 쓴다.

해석 (1) Ella와 Anthony는 뷔페 식당에 있다. Ella는 배가 고프지 않아서 접시에 음식을 조금만 담았다.

(2) Anthony는 지금 매우 배가 고프다. 그래서 그는 접시에 음식을 많이 담았다.

20 (1) Sue always draws pictures.
(2) Sue often listens to music.

(3) Sue is never awake until late.

빈도부사는 be동사와 조동사 뒤, 일반동사 앞에 위치하므로, draws와 listens 앞에 쓰고 is 뒤에 쓴다.

해석 (1) Sue는 항상 그림을 그린다.

(2) Sue는 음악을 자주 듣는다.

(3) Sue는 늦게까지 깨어 있는 법이 절대 없다.

21 (1) A   (2) A   (3) B   (4) A
형용사와 부사의 형태가 같은 단어의 쓰임을 구분하는 문항이다. 〈보기〉의 A는 부사, B는 형용사이다.

해석 〈보기〉

A. 너는 지금 빨리 달려야 한다.

B. 패스트푸드는 네 건강에 좋지 않다.

Alan: 나 너무 피곤해

Mark: 또 밤 샌 거야?

Alan: 응, 밤늦게까지 공부했어.

Mark: 와우! 정말 열심히 공부하고 있구나!

Alan: 응, 이번 수학 시험에서 높은 점수를 받을 거야.

Mark: 행운을 빌어줄게. 하지만 오늘밤은 일찍 자. 건강이 우선이야.

22 He can lift the heavy box easily.
'쉽게'의 의미가 되어야 하므로 형용사 easy를 부사인 easily로 고친 후 문장을 쓴다.

23 ⓑ The cups on the table are clean.
ⓓ The boys at the playground play actively.

ⓑ '깨끗한'의 의미인 형용사가 들어갈 자리이므로 부사 cleanly를 형용사 clean으로 고쳐야 한다.

ⓓ '활기차게'의 의미인 부사가 와야 하므로 형용사 active를 부사 actively로 고쳐야 한다.

해석 ⓐ Bobby는 집에 일찍 귀가했다.
ⓑ 탁자 위의 컵들은 깨끗하다.
ⓒ Tim은 버스 정류장에 늦게 도착했다.
ⓓ 운동장에 있는 소년들은 활기차게 논다.
ⓔ 냉장고 안에 음식이 많이 있다.

24 ⓐ Tim added much[a lot of / lots of] sugar to his coffee.
ⓒ We hardly know each other.

ⓐ sugar는 셀 수 없는 명사이므로 복수로 쓸 수 없으며, 양이 많음을 나타낼 때는 much나 a lot of, lots of 등으로 수식한다.

ⓒ 빈도부사는 일반동사 앞에 온다.

해석 ⓐ Tim은 커피에 설탕을 많이 넣었다.
ⓑ 우리는 주로 아침에 운동한다.
ⓒ 우리는 서로를 거의 알지 못한다.
ⓓ 우리는 오렌지 주스 세 잔을 주문했다.
ⓔ Steve의 여동생은 누구에게나 다정하다.

CHAPTER 07 비교

Point 23 ▸ 원급

A

1 as heavy as
2 as well as
3 as quickly as
4 not as[so] interesting as
5 as important as
6 as salty as

B

1 This room is as big as the playground.
2 Cats are as clever as dogs.
3 He makes poems as creatively as possible.
4 You must study English as hard as math.
5 Your friends are as helpful as brothers.
6 He cleaned his room as neatly as he could.
7 The movie was not as exciting as I expected.
8 I replied to him as soon as I could.
9 This exam was not so difficult as the last one.
10 I'm as tall as my father.

Point 24 ▸ 비교급

A

1 larger than
2 more important than
3 healthier than
4 colder than
5 more
6 closer than
7 more dangerous than
8 better than

9 colorful than
10 much[even/far 등] thinner than

B

1 His eyes are clearer than the lake.
2 Humans can think more deeply than animals.
3 Diamonds shine much more brightly than gold.
4 Exercising is more important than studying.
5 Raising a cat is easier than raising a dog.
6 Betty is more popular than her sister.

Point 25 ▸ 최상급

A

1 the thinnest
2 the happiest
3 the best
4 the most difficult
5 the most popular
6 the worst
7 the coldest
8 the most beautiful
9 the busiest
10 the thickest

B

1 They are the strongest players on our team.
2 This notebook is the most expensive in the store.
3 My cat is the fattest of the three.
4 He is the best singer in Korea.
5 Jane is the noisiest girl in the classroom.
6 Jacob's mother gets up earliest in the morning of his family members.

📝 시험에 나오는 서술형

01 as convenient as
'~만큼 ...하다'는 「as+원급+as」로 쓴다.

02 not as[so] interesting as
'~만큼 ...하지 않다'는 「not+as[so]+원급+as」로 쓴다.

03 the shortest
'~중에 가장 ...하다'는 「the+최상급」으로 쓴다. short의 최상급은 shortest이다.

04 fewer, than
Amy가 Nancy보다 쿠키를 덜 먹었으므로 fewer를 사용한 비교급으로 쓴다.

해석 Amy는 Nancy보다 쿠키를 덜 먹었다.

05 as expensive as
신발과 재킷은 같은 가격이므로 '~만큼 ...하다'를 나타내는 「as+원급 +as」로 쓴다.

해석 내 신발은 네 재킷만큼 비싸다.

06 earlier than
'~보다 더 ...한'의 의미를 나타내는 earlier를 사용하여 비교급으로 쓴다.

해석 Tim은 그의 형보다 더 일찍 일어났다.

07 (1) **heavier** (2) **heaviest** (3) **heavy**
(1) 빈칸 뒤에 비교급에 쓰이는 than이 있으므로 heavier가 적절하다.
(2) 빈칸 앞뒤에 최상급에 쓰이는 the와 「of + 구성원」 표현이 있으므로 heaviest가 적절하다.
(3) 원급 부정 표현인 「no[not] + so ~ as」가 있으므로 heavy가 적절

하다.

해석 John은 Jacob보다 무겁지만, 내 친구들 중에서 가장 무겁지는 않다. 아무도 Bob만큼 무겁지 않다.

08 I feel happier than yesterday.
happy는 비교급을 만들 때 y를 i로 고치고 -er을 붙여서 나타내므로 happier than으로 고쳐야 한다.
해석 나는 어제보다 행복하다.

09 The shark has the sharpest teeth of all animals.
문장 뒤에 '~중에서'의 의미인 of all animals가 있으므로 최상급으로 써야 한다.
해석 상어는 모든 동물 중 가장 날카로운 이빨을 가지고 있다.

10 The animal in this cage is the most dangerous in the zoo.
dangerous는 3음절 이상의 형용사로, 최상급으로 쓸 때는 「most+원급」으로 써야 한다.
해석 우리 안의 그 동물은 이 동물원에서 가장 위험하다.

11 as peacefully as he could
「as+원급+as+possible」은 「as+원급+as+주어+can」으로 바꿔 쓸 수 있다. 문장의 시제가 과거이므로 could로 써야 한다.
해석 그는 가능한 한 평화적으로 그 안건을 해결했다.

12 (1) longer than (2) the biggest (3) better, than
(1) long의 비교급을 사용해서 표현해야 한다.
(2) big의 최상급을 사용해서 표현해야 한다.
(3) good의 비교급을 사용해서 표현해야 한다.
해석 (1) 연극 Z는 연극 X보다 더 길다.
(2) 연극 Y는 셋 중에 관객이 가장 많다.
(3) 연극 Z는 연극 X보다 평점이 더 좋다.

13 ⓐ most fast → fastest ⓑ excellently → excellent ⓓ many → more
ⓐ fast의 최상급은 fastest이다.
ⓑ 문맥상 '뛰어난'의 의미로 형용사가 되어야 하므로, 부사 excellently를 형용사 excellent로 고쳐야 한다.
ⓓ 뒤에 than이 있으므로 비교급이 와야 한다. many의 비교급은 more이다.
해석 내일부터 올림픽이 시작된다. 가장 빠른 선수들이 메달을 따게 될 것이다. 우리나라 선수도 다른 선수들만큼 뛰어나다. 그들은 가능한 한 최선을 다 할 것이다. 그들이 지난번 올림픽보다 더 많은 메달을 따게 되길 바란다.

14 famous, interesting, difficult
빈칸 앞에 2, 3음절 이상의 단어와 함께 쓰여 비교급을 나타내는 more가 있으므로, 빈칸에는 비교급이 아닌 원급이 와야 한다. 따라서 famous, interesting, difficult가 적절하다.
해석 이 책은 저 책보다 유명하다[재미있다/어렵다].

15 very → much[still/far]
비교급을 강조하여 '훨씬'의 의미를 추가할 때는 부사 much, still, far 등을 사용한다.
해석 수학시험은 영어시험보다 훨씬 더 쉬웠다.

16 me → mine
비교 대상은 'her bike'와 'my bike'이므로 me를 mine으로 고쳐야 한다.
해석 그녀의 자전거는 내것만큼이나 오래되었다.

17 (1) the cheapest
(2) as small as, higher than
(1) 장난감 C의 가격이 가장 저렴하므로 cheap을 사용하여 최상급으로

쓴다.
(2) 장난감 B와 C의 크기가 동일하므로 원급으로 쓰고, 장난감 B의 가격이 나머지 두 개 보다 더 높으므로 비교급으로 쓴다.
해석 (1) 장난감 C는 셋 중에서 가장 저렴하다.
(2) 장난감 B는 장난감 C만큼이나 작지만, 그것의 가격은 나머지 두 개의 장난감 가격보다 더 높다.

18 (1) It's colder than yesterday.
(2) Are the biggest gloves yours?
(1) 「It+be+형용사 비교급+than」으로 쓴다. 어제보다 춥다고 했으므로 colder than을 써야 한다.
(2) 의문문이므로 「be동사+명사+yours?」의 형태가 되어야 하는데, gloves가 복수이므로 be동사는 are로 쓰고 '가장 큰 장갑'은 the biggest gloves로 표현한다.
해석 Luke: 눈이 많이 오네. 밖에 나가서 눈사람을 만들자.
Sora: 재미있겠다!
Luke: 어제보다 날씨가 추워, 그러니까 옷을 따뜻하게 입어야 해.
Sora: 좋아. 장갑도 끼자. 가장 큰 장갑이 네 거지?
Luke: 응, 맞아!
Sora: 여기 있어.
Luke: 고마워.

19 ⓑ I studied as hard as I could for the exam.
ⓔ My dog barked as fiercely as a wolf.
ⓑ 동사가 studied로 과거이므로 can을 could로 고쳐야 한다.
ⓔ 문맥상 '사납게'의 의미인 부사가 들어갈 자리이므로 형용사 fierce를 부사 fiercely로 고쳐야 한다.
해석 ⓐ 그는 그의 누나만큼 키가 크다.
ⓑ 나는 시험을 위해 가능한 열심히 공부했다.
ⓒ 나는 Eric만큼 많은 돈을 갖고 있다.
ⓓ 그녀는 우리나라에서 가장 유명한 가수이다.
ⓔ 내 강아지는 늑대만큼 사납게 짖었다.

20 ⓐ My car is as expensive as hers.
ⓒ July is the hottest month of the year.
ⓐ 비교 대상이 'my car'와 'her car'이므로 her를 소유대명사인 hers로 고쳐야 한다.
ⓒ 형용사 hot의 최상급은 most hot이 아니라 hottest이다.
해석 ⓐ 내 차는 그녀의 차만큼 비싸다.
ⓑ 이 아이스크림은 저것만큼 달콤하지 않다.
ⓒ 7월은 일 년 중 가장 더운 달이다.
ⓓ 그녀는 나보다 훨씬 더 똑똑하다.
ⓔ Monaco는 세상에서 가장 작은 도시이다.

21 (1) the slowest (2) the oldest (3) faster than
(1), (2) 「the+최상급」으로 써야 한다.
(3) 「비교급+than」으로 써야 한다.

CHAPTER
08 문장의 형식

Point 26 자동사

A

1 feel tired
2 lies on the bed
3 became a great scientist

4 lives in France
5 looks like a rose
6 sat on the floor
7 tastes a little bit sour
8 rises in the east

B

1 sounds, familiar	**2** cried, sadly
3 turned, slowly	**4** turned, bright
5 smiled, brightly	**6** walk, well
7 sounded, good	**8** looked, sad

Point 27 ▷ 간접목적어와 직접목적어

A

1 Jane told me her secret.
2 Kelly gave it to him a few days ago.
3 James taught us African history.
4 Amy gave her mother some flowers.
5 Chris sends his parents a Christmas card every year.
6 I made my puppy a new house.
7 Kevin bought his friends burger sets.
8 My friend lent me some money.

B

1 Laura told a horrible rumor to us.
2 My friend sent a letter to me.
3 My teacher asked a favor of me.
4 Amy got some snacks for us.
5 James brought a gift to his sister.
6 Van Gogh made a nice painting for me.
7 Paul bought a new car for his parents.
8 Kelly showed her ID card to a police officer.

해석
1 Laura는 우리에게 무서운 소문을 말해주었다.
2 내 친구가 나에게 편지를 보냈다.
3 나의 선생님은 나에게 부탁 하나를 하셨다.
4 Amy는 우리에게 간식을 조금 사주었다.
5 James는 그의 여동생에게 선물을 가져왔다.
6 Van Gogh는 나에게 멋진 그림을 그려주었다.
7 Paul은 그의 부모님께 새 차를 사드렸다.
8 Kelly는 경찰에게 그녀의 신분증을 보여주었다.

Point 28 ▷ 목적격보어

A

1 call Pinocchio a liar
2 made me sad
3 keep myself healthy
4 elected Brian their captain
5 made us angry
6 made her a singer
7 named the doll Teddy
8 found Jenny's ring expensive

B

1 She calls her daughter a princess.
2 The presentation made people nervous.
3 Kevin kept his desk clean.
4 Yuri found the book difficult.
5 We elected Robin new team leader.
6 Betty named her cat Ruby.
7 I found his advice very helpful.
8 David always keeps his car shiny.

📝 시험에 나오는 서술형

01 good
「sound+형용사」: '~하게 들리다'
해석 Harry의 생각은 좋게 들린다.

02 warm
「keep+목적어+형용사」: '~을 …하게 유지하다'
해석 장갑은 당신의 손을 따뜻하게 유지해준다.

03 green
「turn+형용사」: '~로 변하다[바뀌다]'
해석 신호등이 녹색으로 바뀌었다.

04 to
'~에게 …을 빌려주다'는 「lend+간접목적어+직접목적어」 또는 「lend+직접목적어+to+간접목적어」로 나타낸다.
해석 Joy는 그녀의 여동생에게 그녀의 자전거를 빌려주었다.

05 for
'~에게 …을 요리해주다'는 「cook+간접목적어+직접목적어」 또는 「cook+직접목적어+for+간접목적어」로 나타낸다.
해석 David는 그의 아내에게 특별한 저녁식사를 요리해주었다.

06 of
'~에게 …을 묻다'는 「ask+간접목적어+직접목적어」 또는「ask+직접목적어+of+간접목적어」로 나타낸다.
해석 기자들은 그에게 많은 질문을 했다.

07 (1) **looks good**   (2) **bought it for**
(1) '~하게 보이다'는 「look+형용사」로 나타낸다.
(2) 간접목적어 me가 문장 끝에 쓰였으므로 「buy+직접목적어+for+간접목적어」 형태로 나타낸다.
해석 A: 야구모자가 너에게 잘 어울리는 구나.
B: 고마워. 엄마께서 내 생일에 나에게 이것을 사 주셨어.

08 (1) **feels sleepy**   (2) **tastes spicy**
(1) 주어 John을 설명할 수 있는 형용사는 sleepy이며 이와 어울리는 동사는 feels이다.
(2) 주어 soup를 설명할 수 있는 형용사는 spicy이며 이와 어울리는 동사는 tastes이다.
해석 (1) John은 수학공부를 하고 있다. 그는 졸리다.
(2) 이 수프는 매운 맛이 난다.

09 easy → easily
easy가 목적격보어이면 '그것이 쉽다는 것을 알았다.'의 의미가 되어 문맥상 어색하게 된다. 동사를 수식하는 부사인 easily가 되어야 자연스럽다.
해석 어제 나는 내 영어책을 잃어버렸는데, 그것을 쉽게 찾았다. 그것은 침대 밑에 있었다.

10 for → to

show가 「show+직접목적어+전치사+간접목적어」의 어순으로 쓰일 때는 전치사 to가 온다.

(해석) 민지는 그녀의 친구들에게 에펠탑 사진들을 보여주었다.

11 The movie made me happy.

「make+목적어+목적격보어」의 형태로 써야 하며, 목적격보어로는 형용사가 온다.

12 This flower smells like a mint.

감각동사 뒤에 보어로 명사가 올 때는 전치사 like(~처럼)를 써줘야 한다.

13 hard

look이 '~하게 보이다'의 의미로 쓰이고 있으므로 뒤에는 형용사가 와야 한다. 뒤에 이어지는 문장을 통해 hard(어려운)를 써야 함을 알 수 있다.

(해석) 그 퍼즐은 나에게 어려워 보였다. 나는 그것을 풀 수 없었다.

14 quickly

look이 보어가 필요 없는 자동사로 쓰이고 있으므로 뒤에 형용사가 올 수 없다.

(해석) Mattew는 이상한 소리를 들었다. 그는 빠르게 창밖을 내다보았다.

15 easy

find가 '~라고 알다'의 의미로 쓰이고 있으므로 목적격보어로 형용사를 써야 한다. 뒤에 이어지는 문장을 통해 easy(쉬운)를 써야 함을 알 수 있다.

(해석) 우리는 영어 시험이 쉽다는 걸 알았다. 우리는 그 시험을 일찍 끝냈다.

16 easily

find가 '찾다'의 의미로 쓰이고 있으므로 동사를 수식하는 부사를 써야 한다.

(해석) 그는 온라인 검색을 해서 그 답을 쉽게 찾아냈다.

17 (1) The insect looks like a leaf.
(2) My uncle bought a wristwatch for me.

(1) 감각동사의 보어로 명사가 오면 전치사 like를 써줘야 한다.
(2) 「buy+직접목적어+for+간접목적어」로 쓴다.

(해석) (1) 그 곤충은 이상하게 생겼다.
→ 그 곤충은 나뭇잎처럼 생겼다.
(2) 삼촌께서 나에게 손목시계를 주셨다.
→ 삼촌께서 나에게 손목시계를 사주셨다.

18 This candy tastes sour.

주어가 3인칭 단수이므로 동사에 -s를 붙여 쓰고 보어로 sour를 쓴다.

19 Joseph always tells us funny stories.

6단어의 문장으로 써야 하므로 전치사 to를 쓸 수 없다. 따라서 「tell+간접목적어+직접목적어」로 쓰고, 빈도부사 always가 일반동사 앞에 위치하는 것과 동사 tell에 -s를 붙이는 것에 유의한다.

20 Susan's new job made her busy.

make의 목적격보어로 형용사 busy를 써야 함에 유의한다.

21 sent an email to

「send+직접목적어+to+간접목적어」 순서로 써야 한다.

(해석) Irene은 나에게 이메일 한 통을 보냈다.

22 bought an ice cream for

「buy+직접목적어+for+간접목적어」 순서로 써야 한다.

(해석) 나는 남동생에게 아이스크림 하나를 사주었다.

23 ⓐ happy → happily ⓑ nicely → nice ⓓ for → to

ⓐ smile은 보어가 필요 없는 자동사이므로 형용사 happy를 쓸 수 없

다.

ⓑ seem은 보어를 취하는 자동사이므로 형용사 nice를 써야 한다.

ⓓ give가 「give+직접목적어+전치사+간접목적어」의 어순으로 쓰이면 전치사 to를 써야 한다.

(해석) ⓐ Sara는 그녀의 아이들에게 행복하게 미소 지었다.
ⓑ 오늘 날씨가 좋아 보인다.
ⓒ Tom은 천천히 왼쪽으로 돌았다.
ⓓ 소미는 그녀의 고양이에게 음식을 좀 주었다.
ⓔ 추운 날씨가 Jack을 아프게 만들었다.

24 ⓐ for → to ⓓ me it → it to me ⓔ firm → firmly

ⓐ brought는 bring의 과거형으로, 간접목적어 앞에 전치사 to를 쓴다. buy의 과거형 bought와 혼동하지 않도록 유의한다.

ⓓ 간접목적어와 직접목적어가 모두 대명사인 경우, 「직접목적어+to+간접목적어」 순서로 써야 한다.

ⓔ 동사 keep을 수식하는 부사가 와야 하므로 firm을 firmly로 써야 한다.

(해석) ⓐ Danny는 나에게 그 책을 가져다주었다.
ⓑ 이 치즈는 강한 냄새가 난다.
ⓒ 나는 거리에서 빠르게 걸었다.
ⓓ Jane은 그것을 나에게 주었다.
ⓔ 그는 확고하게 그의 약속을 지켰다.

25 (1) **angry** (2) **asked** (3) **lie** (4) **to**

(1) get 뒤에는 보어가 와야 하므로 형용사 angry가 적절하다.
(2) 뒤에 간접목적어 young George에 이어 의문문이 이어지므로 '묻다'의 의미를 갖는 asked가 적절하다.
(3) 문맥상 '거짓말을 했니?'가 되어야 하므로 lie가 적절하다. lie 뒤에 전치사구 to his father가 lie를 수식하는 수식어로 이어지고 있다.
(4) 「tell+직접목적어+to+간접목적어」로 표현한다.

(해석) A: 너는 George Washington의 이야기를 알고 있니?
B: 아니, 몰라.
A: 그의 정원에 벚나무가 있었어. 그의 아버지는 그것을 매우 많이 좋아했어. 하지만 어린 George는 그것을 베어버렸어.
B: 와우, 큰 실수구나!
A: 그래. 그의 아버지는 화가 났고, 어린 George에게 '네가 그것을 베었니?'라고 물었어.
B: George는 그의 아버지에게 거짓말을 했니?
A: 아니. 그는 아버지께 진실을 말씀드렸고, 그래서 그의 아버지는 그를 용서했대.
B: 흥미로운 이야기구나!

Point **29** ▶ what, which, who 의문문

A

1 Who wrote this book?

2 Which movie did you watch last night?

3 Who is the director of the movie?

4 Which river is the longest in the world?

5 What is your favorite color?

6 Which team won the championship last year?

7 What are you doing now?

8 Who helps you with your difficult homework?

B

1 take → takes	**2** are → do
3 come → comes	**4** eats → eat
5 What → Which	**6** are → is
7 do → does	**8** Who → Whose

해석

1 주말에는 누가 아기들을 돌봐주니?

2 너는 어떤 종류의 음악을 좋아하니?

3 겨울 다음에는 무슨 계절이 올까?

4 토끼는 어떤 종류의 음식을 먹을까?

5 지구와 화성 중 어느 것이 더 큰 행성일까?

6 피터팬에 나오는 요정의 이름이 뭐니?

7 그는 무슨 음식을 가장 좋아하니?

8 그 아이디어는 누구의 것이었니?

Point 30 ▶ when, where, why, how 의문문

A

1 When do the birds fly south?

2 Where do whales live in the ocean?

3 Why do we have to learn math?

4 Why did you skip your dinner?

5 When will you finish your homework?

6 How was your first day at school?

7 Where do the rainbows appear after rain?

8 How hot is the weather in summer?

B

1 When will we have lunch?

2 How long do cats sleep during the day?

3 Why does he come late every day?

4 How heavy is that box?

5 Where did you put your car key?

6 When does the concert start?

7 Where can I buy some donuts?

8 How was your trip to Kyung-ju?

9 Why did you change your mind?

10 How often do you play online games?

Point 31 ▶ 명령문, 제안문

A

1 Clean	**2** Wash, and
3 Don't swim	**4** Let's go
5 Let's not make	**6** Never be
7 Finish, or	**8** Put, get

B

1 Be quiet in the library.

2 How about studying together for the exam?

3 Don't waste your precious time.

4 Share common interests with your friends.

5 If you smile, you will be happy.

6 Let's take the warm coat.

7 Let's not play outside until too late.

8 If you don't leave now, you will miss the train.

Point 32 ▶ 감탄문, 부가의문문

A

1 What a beautiful rainbow it is

2 will go camping, won't they

3 What a funny joke it is

4 don't like chocolate, do you

5 have a math test, don't we

6 How hard they exercise

B

1 What an interesting painting!

2 How difficult the math problem is!

3 What big trees they are!

4 Tony ate my hamburger, didn't he?

5 Wendy didn't go to school today, did she?

6 Mr. Brown is your homeroom teacher, isn't he?

7 Roy can speak three languages, can't he?

8 Do your best, will you?

해석

1 정말 흥미로운 그림이구나!

2 정말 어려운 수학 문제구나!

3 정말 큰 나무들이구나!

4 Tony가 내 햄버거를 먹었어, 그렇지 않니?

5 Wendy는 오늘 학교에 가지 않았어, 그렇지?

6 Brown 선생님은 너의 담임선생님이지, 그렇지 않니?

7 Roy는 3개 국어를 말할 수 있어, 그렇지 않니?

8 최선을 다해라, 알겠니?

📝 시험에 나오는 서술형

01 Where

B의 대답이 장소에 관한 내용이므로 '어디'를 뜻하는 where가 적절하다.

해석 A: 휴가로 어디를 갔었니?
B: 하와이에 갔었어.

02 Why

B의 대답이 이유에 관한 내용이므로 '왜'를 뜻하는 why가 적절하다.

해석 A: Emily는 왜 아직 일어나지 않았어?
B: 왜냐면 어제 너무 늦게 잠자리에 들었기 때문이야.

03 How

B의 대답이 방법에 관한 내용이므로 '어떻게'를 뜻하는 how가 적절하다.

해석 A: 박물관에 어떻게 갈 수 있어?
B: 너는 10번 버스를 타야해.

04 need → needs

일반동사가 쓰인 의문문에서 의문사가 주어일 때 주어는 단수 취급하므로 need를 needs로 고쳐야 한다.

05 isn't → can't

앞 문장이 조동사 can이 쓰인 긍정문이므로 뒤에는 can't가 와야 한다.

06 What

'무엇', '무슨'의 의미를 지니는 의문사는 what이다.

해석 • 아침 식사로 무엇을 먹었니?

• 지난 토요일에 무슨 책을 읽었니?

07 What did you do
B의 대답이 '농구를 했다'이므로 질문은 무엇을 했는지에 대한 내용이어야 한다.
해석 A: 어제 뭐 했니?
B: Jake와 Teddy랑 농구를 했어.

08 Where did you eat
B의 대답이 '사무실 근처의 중식당'이므로, 질문은 어디에서 저녁을 먹었는지에 관한 내용이어야 한다.
해석 A: 너는 어디에서 저녁을 먹었니?
B: 사무실 근처에 있는 중식당에서 저녁을 먹었어.

09 Plan, or
'~해라, 그렇지 않으면 ...할 것이다'는 「명령문+or」로 표현한다.

10 Don't touch
'~하지 마라'의 의미인 명령문은 「Don't+동사원형」으로 쓴다.

11 (1) plant (2) about going (3) don't we take
'~하자,' '~하는 게 어때?'의 의미를 지니는 제안문은 「Let's+동사원형」, 「How about+-ing」, 「Why don't we+동사원형」 등으로 나타낸다.
해석 (1) 정원에 꽃을 좀 심자.
(2) 오늘밤에 영화 보러 나가는 거 어때?
(3) 잠깐 쉬는 게 어때?

12 (1) comes → come
    (2) taking → take
    (3) they look scary → scary they look
(1) 「의문사+do[does/did]+주어+동사원형 ~?」 형태로 쓴다.
(2) '~하자'의 의미를 지니는 제안문은 「Let's+동사원형」으로 쓴다.
(3) how가 쓰인 감탄문의 어순은 「how+형용사/부사(+주어+동사)」로 쓴다.
해석 Jenny: Alan은 왜 안 왔어?
David: 그는 감기에 걸려서 몸이 좋지 않아.
Jenny: 안됐구나. 자, 그럼 전시회를 둘러보자.
David: 좋아. 오, 저 공룡들 좀 봐.
Jenny: 와, 정말 무섭게 생겼다!

13 (1) How (2) Which[What]
(1) 휴가가 어땠는지 묻고 있으므로 How가 적절하다.
(2) 일본의 여행지 중 어느 곳을 갔는지 묻는 것이므로 Which[What]가 적절하다.

14 What did you do there?
'무엇을' 했는지 물었으므로 의문사 What을 써서 「What+did+주어+동사원형 ~?」 형태로 쓴다.
해석 Bob: 안녕, Sue. 휴가 어땠니?
Sue: 굉장했어. 가족들과 일본으로 여행을 갔어.
Bob: 어떤 장소들을 방문했니?
Sue: 도쿄 디즈니랜드에 갔었어.
Bob: 거기서 뭘 했니?
Sue: 롤러코스터를 탔고 맛있는 음식도 먹었어.
Bob: 와, 그곳에서 좋은 시간 보냈구나.

15 (1) beautiful scenery it is
    (2) cute the puppies are
(1) What으로 시작하는 감탄문은 「what+a[an]+형용사+명사(+주어+동사)」로 쓴다. scenery는 셀 수 없는 명사이므로 a를 쓰지 않는다.

(2) How로 시작하는 감탄문은 「how+형용사/부사(+주어+동사)」로 쓴다.
해석 (1) 정말 아름다운 풍경이구나!
(2) 정말 귀여운 강아지들이구나!

16 How many subjects are you taking
'얼마나 많은 과목을 수강하는지' 묻는 질문이므로 의문사 how를 활용해서, 「의문사+be동사+주어」의 어순으로 쓴다.
해석 너는 이번 학기에 몇 과목을 수강하고 있니?

17 Which does he use more often
둘 중 어떤 것을 더 자주 사용하는지 묻는 질문이므로 의문사 which를 활용해서 「의문사+do[does/did]+주어+동사원형」의 어순으로 쓴다.
해석 그는 핸드폰과 컴퓨터 중 어떤 걸 더 자주 사용하니?

18 Why don't we swim at the indoor pool
'~하는 게 어때?'의 제안문은 「How about+-ing」 또는 「Why don't we+동사원형」 등으로 쓸 수 있다. 〈보기〉에 swim이 있으므로 'Why don't we ~?'를 사용하여 쓴다.

19 Don't forget your umbrella, or you will have to borrow one.
「명령문+or ~」를 표현하는 문장으로, 「Don't+동사원형, or ....」로 표현한다.

20 These books are interesting, aren't they?
앞은 긍정문으로 쓰고, 뒤는 부정형으로 쓴다. 앞의 동사가 are이므로 뒤는 aren't로 쓰고 These books는 they로 받는다.

21 don't
앞이 긍정문이므로 뒤의 부가의문문은 부정의 형태로 쓴다. 일반동사 enjoy가 쓰였으므로 don't가 적절하다. 대답 역시 부정의 내용이므로 No, they don't로 답한다.
해석 A: Jenny와 Gary는 조깅을 즐겨, 그렇지 않니?
B: 응, 그렇지 않아. (그들은 조깅을 즐기지 않아.)

22 (1) How hot (2) How often (3) How deeply
문맥상 알맞은 형용사나 부사를 찾아 넣는다.
해석 (1) 그 커피는 얼마나 뜨겁니?
(2) 너는 얼마나 자주 조부모님을 방문하니?
(3) 너는 얼마나 깊게 그 주제를 이해하고 있니?

23 ⓒ Jake doesn't like orange juice, does he?
    ⓓ Keep trying, and you will realize your dream.
    ⓔ Let's stop playing and go home, shall we?
ⓒ 앞 문장에 doesn't가 사용되었으므로 뒷부분도 does를 사용하여 써야 한다.
ⓓ '~해라, 그러면 ...할 것이다'의 의미이므로 「명령문,+and ....」로 표현한다.
ⓔ 제안문의 부가의문문은 'shall we?'로 쓴다.
해석 ⓐ 그는 어떻게 이 큰 집을 지었니?
ⓑ 그 빨간색 티셔츠를 고르는 게 어때?
ⓒ Jake는 오렌지 주스를 좋아하지 않아, 그렇지?
ⓓ 계속 노력해, 그러면 네 꿈을 이루게 될 거야.
ⓔ 그만 놀고 집에 가자, 그럴까?

24 ⓐ Who ate all the cookies on the table?
    ⓒ Let's not take the camping chair.
    ⓔ What a colorful painting it is!
ⓐ 의문사 who가 '누가'의 의미로 주어로 쓰일 때는 「Who+동사 ~?」의 어순으로 쓴다.
ⓒ 제안문의 부정은 「Let's+not+동사원형」으로 쓴다.

ⓔ What으로 시작하는 감탄문은 「What+a[an]+형용사+명사+(주어+동사)」로 표현한다.

해석 ⓐ 탁자 위에 있는 쿠키 누가 다 먹었니?
ⓑ 누구의 핸드폰이 이렇게 크게 울리고 있지?
ⓒ 그 캠핑 의자는 가져가지 말자.
ⓓ 너는 캐나다에서 왔어, 그렇지 않니?
ⓔ 색채가 정말 화려한 그림이구나!

CHAPTER 10 to부정사

Point 33 ▷ 명사적 쓰임: 주어, 보어, 목적어

A

1 to go
2 what to do
3 To play
4 It is, to travel
5 when to start
6 to arrive

B

1 To do two things at once is difficult.
2 It is not easy to overcome fears.
3 We couldn't decide what to eat for dinner.
4 To exercise is good for your health.
5 It is important to clean your room regularly.

해석
1 동시에 두 가지 일을 하는 것은 어렵다.
2 두려움을 극복하는 것은 쉽지 않다.
3 우리는 저녁으로 뭘 먹을지 결정하지 못했다.
4 운동하는 것은 네 건강에 좋다.
5 규칙적으로 네 방을 청소하는 것은 중요하다.

C

1 Do you plan to play football today?
2 To read books is to fill the soul.
3 To sing at night disturbs your neighbor.
4 Where to hang this picture is my concern.
5 I like to go to a swimming pool.

Point 34 ▷ to부정사를 목적어로 취하는 동사

A

1 agreed to help
2 needs to practice
3 wants to become
4 decided not to listen
5 expects to travel abroad
6 promised not to make
7 chose to follow
8 failed to pass
9 refused to lend
10 wishes to learn

B

1 My brother refused to eat the carrot.

2 Jason started to write the adventure story.
3 Do you promise to join the party?
4 Betty chose to cook dinner for her family.
5 He doesn't want to eat fast food.
6 They expected to win the competition.
7 Jenny plans to save money for a new camera.
8 We need to learn how to save energy.

Point 35 ▷ 형용사적 쓰임

A

1 someone to help
2 a place to stay
3 someone kind to listen to
4 some water to drink
5 a friend to play with
6 someone strong to do
7 a small apartment to live in
8 no time to hesitate
9 homework to finish
10 a pencil to write with

B

1 It's time to watch the soccer game.
2 He bought me something cold to drink.
3 The man waited for someone to talk with.
4 He brought some berries to eat.
5 We need something long and hard to use.
6 Jason looked for someone to ask for directions.
7 New York is an attractive city to visit.
8 I want to have a garden to relax in.

Point 36 ▷ 부사적 쓰임

A

1 Ben은 인사를 하기 위해 손을 들었다. (ⓐ)
2 나는 많은 사람들 앞에서 말하게 되어 긴장했다. (ⓑ)
3 Nathan은 잠이 들기 위해 불을 껐다. (ⓐ)
4 그는 자라서 예술가가 되었다. (ⓓ)
5 우리 새로운 선생님은 기쁘게 해드리기가 어렵다. (ⓒ)
6 그들은 그들의 프로젝트를 끝내게 되어 기뻤다. (ⓑ)

B

1 The puppy was happy to see his owner.
2 This chair is too small to sit on.
3 The jacket is warm enough to wear in winter.
4 They were too tired to work more.
5 Jake kicked the ball hard to make a goal.
6 He woke up to find himself in the hospital.
7 This math problem is easy to solve.
8 The soup is hot enough to burn my tongue.
9 She is too busy to attend the party.
10 Tony was very sad to leave his hometown.

01 to travel
보어 역할을 하는 to부정사 자리이며, 의미상 to travel이 적절하다.
해석 내 동생의 희망은 외국으로 여행하는 것이다.

02 to call
'~하기 위해'라는 의미로 목적을 나타내는 to부정사 자리이며, 의미상 to call이 적절하다.
해석 그는 부모님께 전화하기 위해 전화기를 집어 들었다.

03 to lie
가주어 It이 앞에 오고 주어 역할을 하는 to부정사가 뒤로 보내진 문장이다. 의미상 to lie가 적절하다.
해석 너의 친구에게 거짓말을 하는 것은 옳지 않다.

04 to not → not to
to부정사의 부정은 not[never]을 to 바로 앞에 써서 표현한다.
해석 나는 너무 오래 유튜브를 보지 않기로 결심했다.

05 are → is
주어로 쓰인 to부정사는 단수취급한다.
해석 피규어를 수집하는 것이 내 취미이다.

06 how to use
「의문사+to부정사」를 써야 하며, '방법'의 의미를 나타내는 how를 사용해서 써야 한다.

07 what to buy
「의문사+to부정사」를 써야 하며, '무엇'의 의미를 나타내는 what을 사용해서 써야 한다.

08 not to eat
to부정사의 부정은 to부정사 바로 앞에 not[never]을 써서 표현한다.

09 to watch
'~하기 위해서'는 목적을 나타내는 to부정사의 부사적 쓰임으로 표현할 수 있다.

10 It, difficult to wake up early
to부정사 주어를 뒤로 뺀 '가주어 – 진주어' 구문으로, 「It is+형용사 …+to부정사」 형태로 표현한다.
해석 주말에 일찍 일어나는 것은 어렵다.

11 enough to keep
'~할 만큼 충분히 …하다'를 의미하는 「형용사+enough+to부정사」로 쓴다.
해석 누나는 매일 일기를 쓸 만큼 부지런하다.

12 too, to help
'~하기에는 너무 …하다'의 의미의 to부정사 표현은 「too+형용사/부사+to부정사」이다.
해석 형은 내 숙제를 도와주기에는 너무 피곤하다.

13 (1) going → to go   (2) to go → to go with
(1) promise는 to부정사를 목적어로 취하는 동사이다.
(2) to부정사가 수식하는 명사가 전치사 with의 목적어이므로 to go를 to go with로 고쳐야 한다.
해석 Alice는 Benjamin과 이번 주 토요일에 함께 소풍을 가고 싶었다. 그는 학교에서 가장 인기 있는 소년이다. 하지만 그는 유나와 박물관에 가기로 약속했다. Alice는 조금 슬펐지만, 곧 같이 갈 다른 사람을 찾았다.

14 She plans to go camping in the woods.
동사 plan은 목적어로 to부정사를 취하므로 to go camping으로 쓴다.

해석 A: Daisy는 주말에 뭘 할 계획이니?
B: 그녀는 숲으로 캠핑 갈 계획이야.

15 She expects to have a barbecue party.
동사 expect는 목적어로 to부정사를 취하므로 to have a barbecue party로 쓴다.
해석 A: Daisy는 뭘 하기를 기대하고 있니?
B: 그녀는 바비큐 파티를 기대하고 있어.

16 Tommy promised to eat fruits and vegetables.
promise는 to부정사를 목적어로 취하는 동사이다.
해석 Tommy는 과일과 채소를 먹기로 약속했다.

17 Juan refused to read the book.
refuse는 to부정사를 목적어로 취하는 동사이다.
해석 Juan은 그 책을 읽는 것을 거부했다.

18 He was happy to pass the exam.
감정의 원인을 나타내는 to부정사의 부사적 쓰임으로 이어서 쓴다.
해석 그는 그 시험에 합격해서 기뻤다.

19 Eric turned on the computer to search for some information.
행위의 목적을 나타내는 to부정사의 부사적 쓰임으로 이어서 쓴다.
해석 Eric은 정보를 검색하기 위해 컴퓨터를 켰다.

20 (1) To help others is rewarding.
　　(2) It is rewarding to help others.
(1) '다른 사람을 돕는 것'은 to부정사의 명사적 쓰임으로 to help others로 표현할 수 있다. to부정사가 주어로 쓰이면 단수 취급하므로 be동사는 is로 쓴다.
(2) to부정사 주어를 뒤로 보내고 가주어 It을 써서 「It is+형용사+to부정사」 형태로 쓸 수 있다.

21 to write on
paper를 수식하여 '(~위에) 쓸'의 의미가 되어야 하므로 to write on이 적절하다.
해석 나는 필기할 종이를 찾고 있다.

22 cold to drink
「something+형용사+to부정사」의 어순이 되어야 한다.
해석 날이 너무 덥다. 무언가 시원한 마실 것이 필요하다.

23 (1) to be helpful   (2) not to be late
　　(3) not to leave   (4) to see
(1) 목적을 나타내는 to부정사의 부사적 쓰임이다.
(2) 목적을 나타내는 to부정사의 부사적 쓰임이다. to부정사의 부정은 to 부정사 바로 앞에 not[never]을 쓴다.
(3) to부정사의 부정은 to부정사 바로 앞에 not[never]을 쓴다.
(4) 명사를 수식하는 to부정사의 형용사적 쓰임이다.
해석 (1) 나는 엄마에게 도움이 되려고 부엌으로 갔다.
(2) 우리는 학교에 지각하지 않기 위해 서둘렀다.
(3) 외출할 때 창문을 열어 놓지 않는 것을 기억해라.
(4) 이 박물관에는 볼 것들이 많다.

24 not to use paper cups
목적을 나타내는 to부정사의 부사적 쓰임으로 표현해야 한다. to부정사의 부정은 to부정사 바로 앞에 not이나 never를 써서 표현한다.
해석 Sue는 종이컵을 사용하지 않기 위해 텀블러를 구입했다.

25 to reduce unnecessary waste
명사를 수식하는 to부정사의 형용사적 쓰임으로 표현해야 한다.
해석 Tom: 정말 귀여운 텀블러구나! 그거 샀니?

Sue: 응, 며칠 전에 샀어. 더 이상 종이컵을 사용하고 싶지 않거
든. 불필요한 쓰레기를 줄이고 싶어.
Tom: 와, 그거 좋은 생각이다!
Sue: 불필요한 쓰레기를 줄이는 여러 방법이 있어.
Tom: 이를테면 어떻게?
Sue: 장보러 갈 때 너만의 쇼핑백을 가져갈 수 있어. 그러면 너는
비닐봉지를 사용할 필요가 없지.
Tom: 그거 영리하구나!

Point 37 ▷ 명사적 쓰임: 주어, 보어, 목적어

A
1 Worrying　　2 finishing　　3 Having
4 playing　　5 fixing

B
1 Forgiving his mistake was a hard decision.
2 Their goal is disturbing our team.
3 Assembling an airplane is not easy.
4 His task is uploading pictures online.
5 Building a house takes a long time.

C
1 Cheating during an exam is bad behavior.
2 Casey avoids eating fast food to stay healthy.
3 Walking is easier than climbing a mountain.
4 I gave up watching TV to focus on my studies.
5 Her hobby is taking care of plants.
6 Running marathons requires hard training.

Point 38 ▷ 동명사를 목적어로 취하는 동사

A
1 Dennis refused to accept my offer.
2 Gina is considering having pizza for lunch.
3 My brother decided to travel to Italy.
4 He suggested going to the market to buy the
vegetables.
5 My father quit smoking last year.
6 They agreed to meet at Jake's house.
7 I hope to start my own business next year.
8 They finished painting the house.
9 I avoid driving during rush hour.
10 We should not delay starting the project any longer.

해석
1 Dennis는 나의 제안을 받아들이기를 거절했다.
2 Gina는 점심으로 피자를 먹을까 생각중이다.
3 내 형은 이탈리아로 여행하기로 결정했다.
4 그는 채소를 사러 시장에 가자고 제안했다.
5 아빠는 작년에 담배를 끊으셨다.
6 그들은 Jake의 집에서 만나기로 동의했다.

7 나는 내년에 내 사업을 시작하기를 희망한다.
8 그들은 집 페인트칠을 끝냈다.
9 나는 혼잡한 시간대에는 운전하는 것을 피한다.
10 우리는 그 프로젝트를 시작하는 것을 더 이상 미루면 안 된다.

B
1 We enjoy swimming at the beach.
2 They gave up doing the work.
3 I began to save[saving] money for my goals.
4 He practiced playing soccer with his classmates.
5 He suggested volunteering at the animal shelter.
6 I don't mind eating a sandwich for dinner.
7 We are continuing to find[finding] a solution.
8 Wear warm clothes to prevent catching a cold.

Point 39 ▷ 동명사를 활용한 여러 표현

A
1 was busy practicing
2 spent time drawing
3 couldn't help lying
4 is worth reading
5 is having trouble[difficulty] solving
6 feel like eating
7 is interested in learning
8 go hiking

B
1 He has trouble sleeping at night.
2 The chef is busy cooking meals for the guests.
3 Did you go shopping yesterday?
4 The painting is worth buying.
5 I can't help feeling excited about the trip.
6 Do you feel like playing baseball with us?
7 He is looking forward to enjoying the vacation in Italy.
8 Nancy is interested in designing her own clothes.
9 I couldn't help admiring the beautiful sunset.
10 Sue spent time reading books.

📝 시험에 나오는 서술형

01 writing
finish는 목적어로 동명사를 취한다.
해석 그녀는 소설 집필을 끝냈다.

02 Drinking[To drink]
주어 자리에는 동명사 또는 to부정사가 올 수 있다.
해석 따뜻한 생강차를 마시는 것은 감기에 좋다.

03 coming
전치사의 목적어 자리에는 동명사를 사용한다.
해석 내 생일파티에 와줘서 고마워.

04 stop coughing
stop은 '~을 멈추다'의 의미로 동명사 목적어를 취한다.

05 to meeting
'~을 기대하다[고대하다]'는 「look forward to+동명사」로 쓴다.

06 couldn't help calling

'~할 수밖에 없다'를 나타내는 「cannot help+동명사」를 사용하여 쓴다.

07 are busy decorating

'~하느라 바쁘다'는 「be busy+동명사」로 표현한다.

08 to answer → answering

avoid는 동명사를 목적어로 취하는 동사이다.

해석 유나는 내 질문에 답하기를 피했다.

09 are → is

동명사구가 주어로 쓰이면 단수 취급한다.

해석 여러 나라의 동전을 모으는 것은 내 취미이다.

10 to eat → eating

mind는 동명사를 목적어로 취하는 동사이다.

해석 저녁으로 피자를 먹든 파스타를 먹든 상관없다.

11 felt like taking

'~하고 싶다'는 「feel like+동명사」로 표현한다.

12 are busy cleaning

'~하느라 바쁘다'는 「be busy+동명사」로 표현한다.

13 go hiking

'~하러 가다'는 「go+동명사」로 표현한다.

14 to spend

wish는 to부정사를 목적어로 취하는 동사이다.

15 to apologize

refuse는 to부정사를 목적어로 취하는 동사이다.

16 comparing

quit은 동명사를 목적어로 취하는 동사이다.

17 learning

전치사 in의 목적어가 나와야 하므로 동명사 learning이 알맞다.

18 My plan is saving money to buy a new phone.

보어 자리에는 명사가 와야 하므로 동명사인 saving이 적절하고, '~하기 위해'의 뜻을 나타내는 to부정사의 부사적 쓰임인 to buy가 와야 한다.

19 (1) **go skiing** (2) **wearing**

(1) '~하러 가다'는 「go+동명사」로 표현한다.

(2) 「How about+-ing」는 '~하는 게 어때?'의 의미이다. 전치사 about의 목적어로 동명사가 와야 한다.

해석 세나는 스키를 타러 나갈 계획이다. 오늘은 날씨가 매우 춥다. 세나의 어머니는 세나가 모자를 쓰기 원한다.
엄마: 오늘 스키 타러 갈거니?
세나: 네, 그래요.
엄마: 밖이 매우 춥구나. 모자를 쓰는 게 어떻겠니?
세나: 네, 그렇게 할게요.

20 (1) **spent all my time watching**
(2) **It was worth staying up**

(1) '~하느라 시간을 보내다'는 「spend time+동명사」로 표현한다.

(2) '~할 만한 가치가 있다'는 「be worth+동명사」로 표현한다.

해석 A: 얘, 너 피곤해 보인다. 무슨 일 있니?
B: 밤에 축구를 보느라 시간을 다 보냈어.
A: 그렇구나. 경기는 어땠어?
B: 밤을 새울 만한 가치가 있었어! 우리 팀이 이겼거든!
A: 오, 그거 좋은 소식이구나!

21 practicing playing

'~하느라 시간을 보내다'는 「spend time+동명사」로 표현한다. practicing의 목적어로 동명사 playing이 나와야 한다.

해석 Charlie는 기타 치는 것을 연습하며 저녁시간을 보냈다.

22 had, studying

'~하는 것에 어려움을 겪다'의 의미인 「have+difficulty+동명사」구문이다.

해석 Lisa는 지난주에 중국어를 공부하느라 어려움을 겪었다.

23 Fishing[fishing]

(1)의 Fishing은 주어로 쓰인 동명사이다.

(2)의 fishing은 '~하러 가다'의 의미인 「go+동명사」 표현이다.

(3)의 fishing은 「be동사+현재진행형」으로 쓰인 동사이다.

24 ⓑ try → trying ⓒ were → was
ⓔ help → helping

ⓑ '~하는 것을 고대하다'는 「look forward to+동명사」로 표현한다.

ⓒ 동명사 주어는 단수 취급한다.

ⓔ 전치사 for가 있으므로 목적어로 동명사가 와야 한다.

해석 ⓐ 나는 재즈 음악을 좀 듣고 싶다.
ⓑ 우리는 마을에 있는 새로운 식당을 도전하는 것을 고대한다.
ⓒ 그 집을 사기로 결정한 것은 좋은 선택이었다.
ⓓ 이곳이 너무 시끄러워서 나는 귀를 막을 수밖에 없다.
ⓔ 내 숙제를 도와줘서 고마워.

25 (1) **time exercising** (2) **quit eating**

(1) 「spend time+동명사」를 활용해서 '운동하면서 시간을 보내다'로 써야 한다.

(2) quit은 목적어로 동명사를 취한다.

해석 지난달 Danny는 규칙적으로 운동하는 것에 실패해서 몸무게가 훨씬 더 무거워졌다. 그는 건강을 돌보기 위해 부모님과 약속을 했다. 그는 매주 체육관에 가서 운동을 할 것이다. 또한 매 끼니마다 너무 많은 음식을 먹지 않을 것이다.
Danny의 약속
(1) 나는 체육관에서 운동을 하면서 시간을 보낼 것이다.
(2) 나는 너무 많이 먹는 것을 그만 둘 것이다.

CHAPTER

12 전치사와 접속사

Point 40 장소·위치를 나타내는 전치사

A

1 in **2** on **3** at
4 under **5** next to **6** over

B

1 My brother is lying on the sofa.
2 Let's meet in front of the school gate.
3 The little bird flew over my head.
4 I stood between Chris and Kevin.
5 Albert enjoyed swimming in the pool.
6 A boat passed below the bridge.

C

1 Mike is trying to catch the fish in the water.
2 Please put your hands on the desk.
3 Karen is the cleverest girl among all my friends.

4 We saw some monkeys in the cage.

5 How many were there at the party?

6 The actress stood on the red carpet.

해석

1 Mike는 물속의 물고기를 잡으려고 노력중이다.

2 손을 책상 위에 올려주세요.

3 Karen은 내 친구들 사이에서 가장 똑똑한 소녀이다.

4 우리는 우리 안에 있는 원숭이 몇 마리를 보았다.

5 그 파티에는 몇 명이나 있었나요?

6 그 여배우는 레드 카펫 위에 섰다.

Point 41 ▶ 시간을 나타내는 전치사

A

1 by   **2** until   **3** during

4 in   **5** at

B

1 She enjoys drinking coffee in the morning.

2 Nancy learned to play the piano for six years.

3 It might snow on December 25th.

4 They watched a football game after school.

5 He always prays before starting his day.

6 She usually goes jogging in the evening.

C

1 Santa Claus must be busy on Christmas eve!

2 Chris played computer games for three hours.

3 The sky is very high in the autumn.

4 My grandfather was born in 1940.

5 He's out at the moment.

6 Roy has a dentist appointment on Friday.

해석

1 산타클로스는 크리스마스이브에 틀림없이 바쁘겠다!

2 Chris는 세 시간 동안 컴퓨터 게임을 했다.

3 가을에는 하늘이 매우 높다.

4 나의 할아버지께서는 1940년에 태어나셨다.

5 그는 지금 외출 중이다.

6 Roy는 금요일에 치과 예약이 있다.

Point 42 ▶ and, but, or / 부사절을 이끄는 접속사

A

1 or   **2** unless   **3** Although

4 because[as/since]   **5** after

B

1 I went to the market and bought some apples.

2 Call me if you need any help. /
If you need any help, call me.

3 Horace listened to the music until he fell asleep. /
Until he fell asleep, Horace listened to the music.

4 My car is old, but it runs smoothly.

5 I was thirsty as I didn't drink enough water. /
As I didn't drink enough water, I was thirsty.

C

1 She will write a review after she finishes the book.

2 They will cancel the game if it rains.

3 After lunch, Isaac felt full and sleepy.

4 You can't swim well unless you practice hard.

5 Before the sun sets, we need to find a place to camp.

해석

1 그녀는 그 책을 다 읽은 후에 독후감을 쓸 것이다.

2 비가 온다면 그들은 경기를 취소할 것이다.

3 점심을 먹은 후에 Isaac은 배가 부르고 졸렸다.

4 열심히 연습하지 않으면 너는 수영을 잘 할 수 없다.

5 해가 지기 전에 우리는 캠핑할 장소를 찾을 필요가 있다.

Point 43 ▶ 명사절을 이끄는 that

A

1 It is impossible that the sun rises in the west.

2 Our problem is that nobody has enough money.

3 That he is a thief is shocking news.

4 The old man realized that time goes by quickly.

5 I think that Roy is good at cooking.

6 We hope that the weather will be nice tomorrow.

7 It was a miracle that I won the competition.

8 My belief is that practice makes perfect.

B

1 That he is rich is hard to believe.

2 The bad news is that Kate will come late.

3 We heard that the book is interesting.

4 It is surprising that he is not Korean.

5 His opinion is that we should stay together.

6 It is possible that it will snow tomorrow.

7 It is a secret that I'm planning a party.

8 I believe that honesty is the best policy.

9 He discovered that the diamond was a fake.

10 I didn't know that Fred wanted to be a signer.

📝 시험에 나오는 서술형

01 In

계절 앞에는 전치사 in을 쓴다.

해석 겨울에 우리는 눈사람을 만든다.

02 in

morning, afternoon, evening 등 하루의 때를 나타내는 표현 앞에는 전치사 in을 쓴다.

해석 그는 오후에 보통 낮잠을 잔다.

03 on

특정한 날 앞에는 전치사 on을 쓴다.

해석 사람들은 식목일에 나무를 심는다.

04 during

특정 기간을 나타내는 시간 표현 앞에는 전치사 during을 쓴다.

05 for

구체적 숫자로 나타내는 시간 앞에는 전치사 for를 쓴다.

06 by
'(정해진 날짜) 까지'를 나타내는 전치사는 by이다.

07 at
특정 시간을 나타낼 때는 at을 쓴다.

08 Although I was tired, I stayed up late to finish my homework.
문맥상 양보절을 이끄는 접속사 although를 사용하면 된다.
> 해석 나는 비록 피곤했지만, 숙제를 끝내기 위해 늦게까지 깨어 있었다.

09 in
연도, 계절을 나타낼 때는 전치사 in을 사용한다.
> 해석 • 나의 할아버지께서는 1940년에 이 집을 지으셨다.
> • 그는 여름에 여행을 떠날 것이다.

10 on
'(표면) 위에,' '특정한 날'은 전치사 on을 사용한다.
> 해석 • 내 차키는 책상 위에 있다.
> • 나는 어버이날에 어머니께 카네이션 한 송이를 드렸다.

11 in front of
'~앞에'는 전치사 in front of로 쓴다.

12 among
'(셋 이상의) 사이에서'는 전치사 among을 쓴다.

13 As I was very tired, I fell asleep during the movie.
'특정한 기간'은 전치사 during으로 표현한다. for는 구체적인 시간의 길이를 나타낼 때 쓴다.
> 해석 나는 매우 피곤했기 때문에, 영화를 보는 동안 잠이 들었다.

14 That he got good grades in all subjects was surprising.
주어 역할을 하는 that절은 단수 취급하므로 were를 was로 고쳐야 한다.
> 해석 그가 모든 과목에서 좋은 성적을 받은 것은 놀라웠다.

15 unless
문맥상 '~하지 않는다면'의 의미를 지닌 접속사 unless(= if... not)가 적절하다.
> 해석 크게 말하지 않으면 할머니는 너의 말을 듣지 못하신다.

16 If it rains, she will stay at home.
조건을 이끄는 절에서는 현재시제로 미래를 나타낸다. '집에'는 전치사 at을 사용하여 at home으로 쓴다.

17 The party won't start unless the guests arrive.
unless는 'if ~ not'의 의미이므로 문장에 not을 따로 쓰지 않는다.

18 if[If]
두 문장 모두 '만약 ~한다면'의 의미로 부사절을 이끄는 접속사 if가 들어가야 알맞다.
> 해석 • 우산을 가지고 가지 않으면 너는 젖을 것이다.
> • 밖에서 놀고 싶다면 너는 우선 방 청소를 끝내야 한다.

19 That[that]
두 문장 모두 명사절을 이끄는 접속사 that이 들어가는 것이 적절하다. 첫 번째 문장은 주어 역할을 하는 명사절이고, 두 번째 문장은 동사 know의 목적어 역할을 하는 명사절이다.
> 해석 • 동물들도 감정이 있다는 것은 놀랍다.
> • 너는 우리 중에 스파이가 있다는 것을 알고 있니?

20 under
고양이는 식탁 밑에서 자고 있으므로 전치사 under가 알맞다.

> 해석 A: 고양이는 어디에 있나요?
> B: 식탁 밑에서 자고 있어요.

21 next to
아이는 식탁 바로 옆에 서 있으므로 전치사 next to가 알맞다.
> 해석 A: 아이는 어디에 있나요?
> B: 식탁 옆에 서 있어요.

22 on
사과는 식탁 위에 있으므로 전치사 on이 적절하다.
> 해석 A: 사과는 어디에 있나요?
> B: 사과는 식탁 위에 있어요.

23 among → between
'(둘 중) ~사이에'는 전치사 between을 사용한다.
> 해석 나는 두 개의 모자 중 하나를 선택해야 했다.

24 will return → returns
시간을 나타내는 접속사 when이 이끄는 절은 현재시제로 미래를 표현한다.
> 해석 우리 가족은 아버지가 퇴근하시면 저녁을 먹으러 나갈 것이다.

25 ⓑ It is necessary that we follow the rules.
   ⓓ I would be glad if you help me.
ⓑ that절이 주어 역할을 할 때, 주어 자리에 가주어 It을 쓰고 that절을 뒤로 보낼 수 있다.
ⓓ 조건을 나타내는 접속사 if가 이끄는 부사절에서는 현재시제로 미래를 표현한다.
> 해석 ⓐ 내가 말을 듣지 않아서 엄마는 속이 상했다.
> ⓑ 우리가 그 규칙을 따르는 것이 필요하다.
> ⓒ 비록 그는 부자이지만, 항상 행복하지는 않다.
> ⓓ 네가 날 도와준다면 참 기쁠 텐데.
> ⓔ Dennis가 프랑스인이라는 걸 알았니?

26 (1) after he watched a horror movie
   (2) but they were so expensive
   (3) and she saw beautiful scenery
(1) '~한 후에'를 의미하는 after로 연결하는 것이 자연스럽다.
(2) '그러나'의 의미를 나타내는 but으로 연결하는 것이 자연스럽다.
(3) '그리고'의 의미를 나타내는 and로 연결하는 것이 자연스럽다.
> 해석 (1) Peter는 공포영화를 보고난 후에 겁을 먹었다.
> (2) 나는 멋진 신발을 발견했지만, 그것은 너무 비쌌다.
> (3) 그녀는 등산하러 나갔고 아름다운 풍경을 보았다.

27 when I arrive at grandma's house
'~할 때'를 의미하는 접속사 when을 사용하여 쓴다. 시간을 나타내는 부사절이므로 미래시제 대신 현재시제를 써야 한다. '할머니 댁에'는 전치사 at을 사용하여 쓴다.
> 해석 엄마: 민주야, 할머니 집 잘 찾아갈 수 있겠니?
> 민주: 물론이죠! 너무 걱정하지 마세요, 엄마. 할머니 댁에 도착하면 전화 드릴게요.

CHAPTER 13 빈칸 완성

Point 01 ▶ 단문, 대화문, 지문 빈칸 완성

A

1 mind **2** take **3** broke
4 order **5** pass

해석
1 · 운동은 신체와 정신에 둘 다 좋다.
　· 잠깐 문을 열어도 괜찮을까요?
2 · 내일은 엄마가 나를 학교에 데려다주실 것이다.
　· 나는 운동 후에 샤워를 한다.
　· 가방에서 책을 꺼내라.
3 · 나는 빈털터리다. 나는 돈이 없다.
　· 지난밤에 도둑이 Kelly의 집에 들어왔다.
　· Danny가 내가 가장 좋아하는 접시를 깨서 나는 매우 화가 났다.
4 · 왕은 그 남자에게 나라를 떠나라고 명령했다.
　· 너는 온라인 서점에서 책을 주문할 수 있다.
5 · 수민이는 나에게 빵을 조금 건네주었다.
　· Chris는 결국 그 시험에 통과했다.

B

1 would **2** draw **3** miss

해석
1 · A: 차를 좀 드시겠어요?
　　B: 아니오. 오렌지주스로 주세요.
　· A: 지금 뭐 하고 싶니?
　　B: 집에서 영화 한 편 보고 싶어.
2 · A: Jenny의 취미는 뭐니?
　　B: 그녀는 동물 그림 그리는 걸 좋아해.
　· A: 벽에 걸려 있는 그림들 봤니?
　　B: 응, 그것들은 정말 주목을 끌어, 그렇지 않니?
3 · A: 오늘 또 버스를 놓쳤어.
　　B: 오, 운이 안 좋았구나. 그럼 학교엔 어떻게 왔니?
　· A: 네가 보고 싶을 거야.
　　B: 나도 그래. 자주 전화할게.

C

1 different **2** spends

해석 나에게는 여동생이 한 명 있는데 우리는 매우 다르다. 나는 자유시간에 야외활동하는 것을 좋아하는데, 내 여동생은 독서를 더 좋아한다. 나는 인터넷 서핑을 할 때만 컴퓨터를 사용하는데, 그녀는 자유시간을 웹툰을 보는 데 쓴다. 나는 록 음악을 듣는 것을 즐기는데, 내 여동생은 클래식 음악을 즐긴다.

D

1 caretaker **2** take **3** protect

해석 제 이름은 Charlie예요. 저는 코끼리 돌보는 사람이에요. 저는 10년 전에 이 일을 시작했고, 지금도 계속하고 있어요. 저는 이 일을 정말 사랑해요.
제 하루는 새벽 5시에 시작돼요. 코끼리에게 먹이를 줘요. 우리는 많은 양의 먹이를 가져가요. 왜냐하면 코끼리는 많이 먹거든요. 그런 다음에, 저는 코끼리 우리를 청소해요. 청소는 힘들지만 코끼리의 건강을 위해서는 필요한 일이에요.
점심식사 후에, 우리는 코끼리들을 연못으로 데리고 가서 그들이 진흙 목욕을 할 수 있도록 해요! 그들의 피부는 매우 민감하기 때문에, 코끼리는 햇빛으로부터 피부를 보호하기 위해 진흙을 사용해요.

CHAPTER 14 어휘

Point 01 ▶ 알맞은 어휘 쓰기

A

1 lesson **2** breath
3 doctor **4** read

해석
1 당신은 삶, 사건, 또는 경험을 통해 배울 때 이것을 얻을 수 있다.
2 이것은 코와 입을 통해 공기를 들이마시는 행위이다.
3 당신이 아플 때, 당신은 이 사람에게 가는데, 이 사람이 환자를 치료하기 때문이다.
4 이것은 책에서 단어와 문장을 보고 이해하는 것이다.

B

1 traveling **2** vacation **3** direction **4** map

해석 이 남자의 이름은 Jack입니다. 그는 여름방학 동안 이탈리아를 여행하고 있습니다. 그는 유명한 박물관에 가고 싶지만, 가는 길을 찾을 수 없어 한 여자에게 물어보기로 합니다. 여자의 이름은 Jenny입니다. Jack의 질문을 들은 Jenny는 자신의 지도를 꺼내 Jack에게 박물관으로 가는 길을 안내해 줍니다.

5 prepare **6** invite **7** interested **8** present

해석 내일은 Paul의 생일이기 때문에 나는 그를 위한 생일파티를 계획하고 있다. 파티를 위해 준비해야 할 것들이 많다. 우선, 초대장을 보내야 한다. 나는 친한 친구들을 모두 초대할 계획이다. 나는 케이크와 스낵, 음료도 준비할 것이다. 또한 Paul에게 줄 선물도 사야 한다. 그는 만화책 읽는 것에 흥미가 있기 때문에, 나는 그에게 선물로 만화책을 한 권 사 줄 것이다. 우리는 함께 재미있는 시간을 보낼 것이다. 나는 함께 즐거운 추억을 만드는 것이 기대된다!

Point 02 ▶ 어색한 어휘 바르게 고치기

A

1 ⓓ quiet → lively

해석 매일 아침, 태양이 떠오르며 하늘을 빛으로 가득 채운다. 새들이 노래하기 시작하고 꽃들이 각자의 색을 피운다. 세상은 밝고 적막

하게(→ 활기차게) 변한다. 숲은 모든 생물들에게 또 다른 새로운 하루를 선사한다.

2 ⓓ end → start

해석 나는 아침으로 콘플레이크 한 그릇에 우유를 곁들여 먹는다. 준비하기도 빠르고 맛도 좋다. 나는 또한 바나나 또는 딸기 같은 과일을 추가하는 것을 좋아한다. 건강한 아침을 먹는 것은 나에게 하루를 올바르게 끝낼 수(→ 시작할 수) 있는 에너지를 준다. 아침에 건강한 음식을 먹는 것이 중요하다.

3 ⓒ same → different

해석 가을이 되면 낮이 짧아지고 공기가 시늘해지기 시작한다. 나뭇잎은 빨강, 노랑, 주황으로 색을 바꾸며 나무에서 떨어진다. 동일한(→ 다양한) 종류의 나뭇잎을 수집하고 나뭇잎에 대해 알아보는 것은 재미있다. 친구들과 나는 나뭇잎 스크랩북을 만들기도 한다. 이 활동은 자연의 아름다움을 이해하고 계절의 변화에 대해 배우는 데 도움이 된다.

B

1 ⓓ remember → forget

해석 우리 가족은 숲으로 캠핑 가는 것을 좋아한다. 텐트를 치고 모닥불 주위에 둘러앉아 재미있는 이야기를 나눈다. 밤이 되면 숲은 매우 조용하고 곤충 소리를 들을 수 있다. 밤하늘에는 별들이 가득하다. 텐트에서 잠을 자는 것은 모험이고, 아침에 새소리를 들으며 잠에서 깨는 게 좋다. 캠핑을 하고 있을 때는 일상을 잠시 기억하고(→ 잊고) 야외를 즐길 수 있다.

2 ⓓ prevent → cause

해석 정크 푸드를 먹는 것은 너에게 좋지 않다. 그것에는 나쁜 지방과 설탕이 함유되어 있다. 만약 네가 정크 푸드를 너무 많이 먹으면 너는 체중이 늘고 아플지도 모른다. 그것은 심지어 심각한 질병을 예방할(→ 유발할) 수도 있다. 게다가 정크 푸드는 비타민과 같은 좋은 것을 가지고 있지 않다. 따라서 과일이나 채소 같은 건강한 음식을 먹는 것이 더 낫다. 그것들은 너를 튼튼하게 만들어 주고 기분이 좋게 해 준다.

3 ⓒ healthy → sick[ill]

해석 나는 미래를 위한 두 가지 꿈이 있다. 나는 나의 기술들을 다른 사람들을 치료하는 데 사용하고 싶기 때문에 의사가 되고 싶다. 나는 사람들을 돕는 것을 좋아하고 그들이 건강할 때(→ 아플 때) 좋아지게 만들어 주고 싶다. 또 다른 꿈은 세계를 여행하는 것이다. 다른 여러 나라를 방문해보고 싶고, 그들의 문화를 배우고 싶고, 새로운 사람들을 만나보고 싶다. 나는 내 꿈을 이루기 위해 의대에 들어갈 것이고 외국어 공부도 할 계획이다.

🖊 실전 예상 문제

01 turn
첫 번째 문장의 turn down은 '(소리·온도 등을) 낮추다'의 의미이며, 두 번째 문장의 turn은 '차례'의 의미를 나타내는 명사로 쓰였다.

해석 • Bill, TV 소리 좀 낮춰 줄래?
• 이번엔 네가 설거지할 차례야.

02 wave
wave는 동사 '흔들다'의 의미와 명사 '파도'의 의미를 지닌다.

해석 • 그녀는 엄마를 보자 손을 흔들었다.
• 나는 바다에서 파도를 바라보고 있었다.

03 useless → helpful[excellent/useful]
참새가 부엉이의 조언을 따른 후 더 현명해졌다고 했으므로, 부엉이의 조언이 '도움이 되었다,' '유용했다'는 것을 알 수 있다. 따라서 useless를

helpful, useful 정도의 단어로 고쳐야 한다.

04 (1) advice (2) cheerful
(1) 부엉이가 참새에게 경청하는 법을 배워야 한다고 했으므로 'advice(조언)'가 알맞다.
(2) 원래의 성격을 묘사하는 말이 나와야 하므로 'cheerful(쾌활한)'이 알맞다.

해석 어느 숲에 지혜로운 늙은 올빼미와 쾌활한 작은 참새가 살고 있었다. 부엉이는 참새와 종종 이야기와 교훈을 나누었다. 어느 날 참새가 물었다. "어떻게 하면 당신처럼 현명해질 수 있을까요?" 부엉이는 대답했다. "현명해지려면 먼저 경청하는 법을 배워야 해." 참새는 부엉이의 조언을 마음에 새겼다. 참새는 숲과 다른 동물들의 말을 주의 깊게 듣기 시작했다. 참새는 나무의 속삭임과 강물의 노래에 귀를 기울였다.
어느 날 저녁, 참새는 부엉이에게 돌아왔다. 참새는 "당신의 조언은 정말 쓸모없었어요(→ 도움이 되었어요)."라고 말했다. 부엉이는 미소를 지었다. 그때부터 참새는 쾌활하기만 한 것이 아니라 현명해졌다. 참새는 다른 새들과 지식을 공유하고 자연의 진정한 아름다움을 받아들이는 방법을 가르쳤다.

05 ⓔ rising → setting
해변에서 긴 하루를 보낸 후라고 했으므로 해가 지는 상황이다. 따라서 rising을 setting으로 고쳐야 한다.

해석 우리는 해변에 방문하는 것을 좋아한다. 우리는 수영을 하고, 모래성을 쌓고, 조개껍질을 모으기도 한다. 내가 가장 좋아하는 활동은 연을 날리는 것인데, 그것이 하늘 높이 날기 때문이다. 해변의 산들바람은 그곳을 연을 날리기에 완벽한 장소로 만들어준다. 긴 하루를 보낸 후에, 우리는 해가 뜨는(→ 지는) 것을 바라본다. 하루 중 이 시간의 하늘과 바다는 무척이나 아름답다.

06 (1) throw (2) up
(1) 빈 플라스틱 병은 필요 없다고 했으므로 그것을 버릴 거라는 내용이 들어가야 자연스럽다. throw away는 '버리다'의 의미를 갖는 표현이다.
(2) 연필꽂이를 만드는 방법을 인터넷에서 '찾아볼 수 있다'는 내용이 되어야 자연스럽다. look up은 '찾아보다'라는 의미를 갖는 표현이다.

07 recycle
영어 정의: ⓐ는 오래된 물건을 버리는 대신, 그것들을 가져가서 새로운 물건으로 만드는 것을 의미한다.

해석 Nuri: David, 이 플라스틱 병 필요하니?
David: 아니, 나는 그것이 필요 없어. 나는 그것을 버리려고 해.
Nuri: 그러지 마. 나는 그것이 필요해. 이 병으로 멋진 것들을 만들 수 있어.
David: 정말?
Nuri: 이 연필꽂이를 봐. 너도 이 병으로 이걸 만들 수 있어.
David: 그것 좋네! 어떻게 만들었어?
Nuri: 인터넷에서 찾아볼 수 있어.
David: 내가 너한테 이걸 주면, 또 다른 연필꽂이를 만들 수 있어?
Nuri: 아니. 이번에는 화분을 만들고 싶어.
David: 왜! 화분을 만드는 방법을 보여줄래?
Nuri: 물론이야. 이것은 이 병을 재활용하는 좋은 방법이야.

08 tour guide
Jake는 새로운 장소를 방문하고 다른 문화를 경험하는 것을 좋아한다고 했고, 사람들에게 기억할만한 경험을 주고 싶다고 했으므로, 그와 관련된 직업으로 tour guide를 추론할 수 있다.

09 achieve
영어 정의: ⓐ는 성공적으로 목표에 도달하거나 무언가를 이루는 것을 의미한다.

해석 Eric: 뭘 읽고 있니, Jake?

Jake: 여행에 관한 책을 읽고 있어.

Eric: 너는 여행하는 것을 좋아하니?

Jake: 응, 나는 새로운 장소를 방문하고 다른 문화를 경험하는 것을 좋아해.

Eric: 오, 그러면 너는 미래에 뭐가 되고 싶어?

Jake: 나는 사람들에게 기억할만한 경험을 주고 싶어.

Eric: 관광 가이드 같은?

Jake: 응, 나는 관광 가이드가 되길 원해.

Eric: 너는 어떻게 너의 꿈을 이룰 계획이니?

Jake: 대학을 졸업한 후에 여행사에서 일할 계획이야.

Eric: 굉장한 계획처럼 들린다!

10 volunteer

양로원을 방문해서 어르신들과 함께 걷고 휠체어를 밀어드렸다는 내용을 통해 자원봉사자로 활동했음을 알 수 있다.

11 on

첫 번째 빈칸은 '입다'의 의미를 갖는 put on을 묻고 있고, 두 번째 빈칸은 faces 앞에 쓰일 수 있는 전치사가 무엇인지를 묻고 있다.

12 on their own

빈칸 뒤에 이어지는 문장에서 어르신의 휠체어를 밀어드렸다는 내용을 통해 일부 어르신들이 혼자 걷지 못했음을 알 수 있다. 「on+소유격+own」은 '혼자,' '스스로' 등의 의미를 갖는 표현으로, 빈칸에는 on their own이 적절하다.

해석 지난 일요일, 나는 자원봉사자로서 멋진 시간을 보냈다. 나는 친구들과 함께 양로원을 방문했다. 우리는 어르신들과 함께 걸었다. 날씨가 매우 화창했기 때문에, 친구들과 나는 모자를 썼다. 그들은 천천히 걸었지만, 햇빛을 즐기며 미소지었다. 일부 어르신들은 스스로 걷지 못해서 나는 휠체어를 밀어드렸다. 그들의 얼굴에 미소를 보는 것은 마음이 따뜻해지는 일이었다. 우리는 함께 많은 웃음을 나누고 오래도록 기억에 남는 추억을 만들었다.

13 (1) How   (2) like

"How did you like it?"은 '어땠는데?' 정도의 의미를 갖는 표현으로, 어떤 경험 또는 상황에 대한 상대방의 인상이나 반응을 묻는 표현이다.

14 (3) eat   (4) see

Tom이 부산에서 '먹어본 음식'과 '보았던 것'에 대해 설명하고 있으므로 (3)에는 음식과 관련된 동사 eat, (4)에는 관광지를 보는 것과 관련된 동사 see가 적절하다. go를 쓸 경우 뒤에 전치사 to까지 함께 써야 해서 정답으로 부적절함에 유의한다.

해석 Yeri: 좋은 아침이야, Tom. 지난 주말에 뭐 했어?

Tom: 안녕, 예리. 나는 엄마와 함께 부산을 방문했어.

Yeri: 그랬어? 어땠어?

Tom: 우리는 그곳을 매우 좋아했어. 여러 가지 맛있는 음식을 즐겼어.

Yeri: 그곳에서 뭘 먹었니?

Tom: 돼지국밥과 씨앗 호떡을 먹었어. 정말 맛있었어.

Yeri: 거기 있는 동안 해변에 가봤어?

Tom: 응, 우리는 해운대 해변에 갔어. 야경이 아름다웠어.

Yeri: 부러워. 언젠가 나도 부산을 방문하고 싶어.

Tom: 정말 가야 해! 부산은 먹을것과 볼것이 정말 많은 아름다운 도시야.

15 greedy

White가 모든 것을 먹으려 했고, 심지어 쓰레기까지도 먹으려 했다는 내용을 통해 음식에 너무 탐욕스러웠음을 유추할 수 있다.

16 of

full of는 '~로 가득 찬'이란 의미를 갖는 표현이다.

17 enough

영어 정의: @는 어떤 것을 충분한 양으로 갖는 것을 의미한다.

해석 나는 나의 작은 개, White에 대해 이야기하고 싶어. 그녀는 말티즈 종이고 두 살이야. 그녀는 심각한 문제가 있었어. 음식에 대해 너무 탐욕스러웠어. 그녀는 모든 것을 먹으려 했고, 심지어 쓰레기도 먹으려 했어. 그래서 나는 그녀를 도와주기 위해 반려견 훈련사에게 데려갔어. 그가 White를 잠시 지켜보고 말했어. "항상 큰 그릇이 강아지 사료로 가득 차 있도록 유지하세요." 그의 조언은 매우 단순하게 들렸지만 효과가 있었어! White는 더 이상 모든 것을 먹으려 하지 않았어. 나는 비결이 궁금해져서 반려견 훈련사에게 물었어. 그가 말했어. "그녀가 앞에 충분한 음식을 보기 때문에, 그녀는 음식에 대해 탐욕스러울 이유가 없어요." 이제 나는 반려견 훈련사가 되어 다른 사람들의 개 문제를 도와주고 싶어.

18 raise

raise는 '올리다'라는 의미 외에도 '키우다'라는 의미도 갖고 있는 단어이다.

19 terrible

닭 7마리를 집으로 데리고 들어가서 함께 하루를 보냈으므로, 전날 밤 상황이 끔찍했음을 알 수 있다.

20 uncomfortable → comfortable

작은 집에 대해 불평하던 아이들이 가축들과 이틀을 보내고 난 후 더 이상 불평하지 않게 되었다는 내용의 글이므로, uncomfortable을 comfortable로 바꿔야 한다.

해석 William은 작은 집에서 아내, 세 아들, 세 딸들과 함께 살았다. 그의 아이들은 항상 작은 집에 대해 불평했다. 그래서 그는 마을에 사는 현명한 사람을 찾아 갔다. 그의 이름은 Edmund였다.

William: 저는 당신의 도움이 필요해요. 저희는 가족이 많은데 집이 너무 작아요.

Edmund: 동물을 키우시나요?

William: 네, 닭 일곱 마리와 염소 네 마리를 키워요.

Edmund: 좋아요. 닭들을 모두 집으로 들여서 함께 지내세요.

(다음 날 아침)

William: 그것은 끔찍한 아이디어였어요. 우리는 잠을 잘 잘 수 없었어요.

Edmund: 그거 좋군요. 오늘은 염소들을 집으로 들여서 함께 지내세요.

William: 진심이세요? 음... 알겠어요. 당신 말대로 하겠습니다.

(다음 날 아침)

William: 집이 가득 찼어요. 가족 전체가 잠을 못 잤어요. 너무 시끄러웠어요.

William의 아들들: 아침식사도 앉아서 먹을 수가 없었어요!

Edmund: 좋아요. 이제 집에서 모든 동물들을 빼내세요.

(다음 날 아침)

William: Edmund, 기적이 일어났어요! 어제는 아이들이 더 이상 불평하지 않았어요.

William의 딸들: 이제 불편하게(→ 편안하게) 느껴져요.

Edmund: 행복은 상대적이에요. 여러분 모두 행복한 삶을 누리길 바라요!

A

01 are 02 are 03 am
04 is 05 is

B

06 were 07 were 08 was
09 were 10 was

C

11 wasn't 12 They're 13 Aren't
14 weren't 15 I'm

D

16 Was, Yes, was
17 Is, Yes, is
18 Weren't, No, they, weren't
19 Are, No, we, aren't
20 Isn't, No, it, isn't

A

01 has 02 enjoys 03 flies
04 teaches 05 carries 06 plays
07 fixes

B

08 studies → study 09 drawed → drew
10 Do → Does 11 flied → flew
12 Do → Did 13 planed → planned

C

14 ⓐ Isaac always does his best.
　ⓑ Does Isaac always do his best?
　ⓒ Isaac does not[doesn't] always do his best.

15 ⓐ David cut the bread in half.
　ⓑ Did David cut the bread in half?
　ⓒ David did not[didn't] cut the bread in half.

16 ⓐ He found his lost key in the garden.
　ⓑ Did he find his lost key in the garden?
　ⓒ He did not[didn't] find his lost key in the garden.

17 ⓐ Yeri practices swimming every day.
　ⓑ Does Yeri practice swimming every day?

　ⓒ Yeri does not[doesn't] practice swimming every day.

18 ⓐ Amy brought a gift for him.
　ⓑ Did Amy bring a gift for him?
　ⓒ Amy did not[didn't] bring a gift for him.

D

19 ⓐ Doesn't Jenny like coffee?
　ⓑ Yes, she, does

20 ⓐ Didn't he go to the party?
　ⓑ No, he, didn't

A

01 are → is 02 go → going
03 going → go 04 O
05 are → is 06 O
07 visiting → visit 08 goes → go
09 bark→ barking 10 is → are

B

11 I am doing my homework now.
12 He will go to the park tomorrow.
13 We are not having dinner.
14 They are reading books now.
15 My brother is fixing his bicycle.
16 Were the students studying in the library?
17 The train is going to leave in five minutes.
18 He is not going to buy that bag.

C

19 He will take a test next week.
20 She is not singing now.

A

01 has to finish 02 can swim
03 cannot[can't] play 04 may not arrive
05 Can[May] I borrow 06 had to leave
07 Can she speak 08 have to wear
09 cannot[can't] be 10 must not eat

B

11 You don't have to be here.

12 You must leave right now.

13 We didn't have to pay for the tickets.

14 I was not able to solve this problem.

15 You should exercise for your health.

16 Should we go to the library after school?

17 You must not run in the hallway.

18 They were able to pass the exam last year.

C

19 He must fix his bike before the trip.

20 We can go to the movies this weekend.

CHAPTER 05 명사와 대명사

A

01 boxs → boxes   02 an → 삭제

03 mouses → mice   04 is → are

05 O

06 informations → information

07 childrens → children

08 hisself → himself

09 book → books / her → hers

10 O

B

11 The man meets his friends in the park.

12 There is an apple on the table.

13 She drinks a lot of water.

14 Jennifer is a good friend of ours.

15 She bought two pieces of furniture.

16 Could I have some water?

17 Cathy doesn't have any plans for the weekend.

18 He brought three glasses of lemonade.

C

19 There are two dogs in the backyard.

20 It is 5 o'clock now.

CHAPTER 06 형용사와 부사

A

01 The teacher explains the lesson clearly.

02 There are many cars on the road.

03 The restaurant has few customers today.

04 She folded the letter carefully.

05 The chef cooks the food very well.

06 There is a lot of information in the book.

07 The baby fell asleep in her mother's arms.

08 The bus is always late during rush hour.

09 I heard something strange in the kitchen last night.

10 There are few people in the library today.

11 The car is moving fast.

12 We need a little more time.

B

13 hardly   14 highly

15 nearly   16 high

17 near   18 hard

C

19 We ate a few cookies before dinner.

20 He has a habit of going to bed late on weekends.

CHAPTER 07 비교

A

01 more fast → faster   02 as not → not as

03 strongly → stronger / her → hers

04 most → 삭제   05 O

06 more → most   07 beautiful → beautifully

08 very → much   09 O

10 honest → honestly / can → could

B

11 He achieved the highest score in the competition.

12 The new laptop is heavier than my old one.

13 This is the biggest building in the city.

14 This puzzle is simpler than the last one.

C

15 This house is as big as that house.

16 We traveled as far as possible.

17 This shirt is much more expensive than mine.

18 The weather today is not so warm as it was yesterday.

19 Chris explained the problem as clearly as he could.

20 Danny is the smartest student of the three.

CHAPTER 08 문장의 형식

A

01 to → for   02 sadly → sad

03 slow → slowly   04 smells → smells like

05 graceful → gracefully   06 O

07 careful → carefully

B

08 for   09 of   10 to

C

11 easy   12 a doll

13 happy   14 easily

D

15 keeps her garden beautiful

16 Her face turned white

17 gave a rose to his mother / made her happy

18 called him a hero

19 found the room messy

20 suddenly turned

CHAPTER

09 다양한 종류의 문장

A

01 What does the dog want to eat?

02 Who is the person responsible for this project?

03 Which color do you like the most?

04 When does the next train arrive at the station?

05 Where did the children play yesterday?

06 Please bring your books to class tomorrow.

07 Let's go to the park this afternoon.

08 What a beautiful garden it is!

09 This cake is really delicious, isn't it?

10 Tom doesn't enjoy music, does he?

B

11 Roy can drive, can't he?

12 How beautiful the sunset is!

13 Close the door, and the room will stay warm.

14 Have lunch now, or you will be hungry.

15 Whose book is this on the table?

16 Who takes care of the flowers in the garden?

C

17 What, kind, of, movies, do, you, like

18 How, tall, is, that, building

19 Why, didin't, you, answer, my, call

20 Where, can, I, park, my, car

CHAPTER

10 to부정사

A

01 Tom wants to play soccer after school.

02 It is important to follow the rules.

03 We decided not to go to the theater.

04 I need something exciting to do this weekend.

---

05 Her goal is to become a basketball player.

06 I want to learn how to cook Korean food.

07 I'm looking for a comfortable chair to sit on.

08 The water is warm enough to swim in.

09 She is too tired to go out tonight.

10 To make travel plans is difficult.

B

11 She bought a pair of sneakers to wear.

12 She was happy to see her friends at the party.

13 Tim saved money to buy a guitar.

14 We need someone diligent to work for us.

15 I'm looking for a place to plant flowers.

16 Tom hired an advisor to talk with.

17 My hobby is to travel to new places.

C

18 found a place to lay its eggs

19 something useful to improve

20 decided not to go to the concert

CHAPTER

11 동명사

A

01 gave, up, fixing   02 is, worth, considering

03 interested, in, reading 04 avoids, eating

05 is, busy, planning   06 is, good, at, composing

B

07 are → is   08 try → trying

09 O   10 start → starting

11 worry → worrying   12 to take → taking

13 to play → playing

C

14 We plan to go shopping after school.

15 I always have trouble remembering people's names.

16 I don't feel like going for a walk now.

17 They spent their vacation traveling around Europe.

18 The museum is worth visiting twice.

19 My parents are looking forward to moving into the new house.

20 Jessica couldn't help feeling nervous before her exams.

CHAPTER

12 전치사와 접속사

A

01 A cat is sleeping on the sofa.

02 The school bus arrives at 8.

03 We have a meeting on Monday.

04 They went to the park and played soccer.

05 Jennifer lived in France for 5 years.

06 I won't go to the park unless it stops raining.

07 That she got good grades is surprising.

08 Amy likes to travel, but dislikes long flight.

B

09 until   **10** because   **11** in front of

12 Although   **13** behind

C

14 I wake up early in the morning.

15 That Gary finished the marathon is impressive.

16 Peter took a nap under the tree.

17 Although it is cold, Jenny has to work out outside.

18 We can go to the theater, or watch a movie at home.

19 The problem is that she lost her phone.

20 I will call you when I arrive at the station.

Memo

내신 공략 중학영어

서술형 1

온라인 부가자료 무료 다운로드 www.darakwon.co.kr